感情平衡木

家庭　事業　　　兩兼顧

職場大小事已經夠多了，另一半卻老是跟你吵？

小孩要顧、父母要養、工作要拼，你有三頭六臂嗎？

下班回家只想廢，另一半竟堆起髒衣山，早一步躺好？

家庭與事業，怎麼取得平衡？

本書帶你與另一半攜手合作，「槓桿」責任0負擔！

丁智茵，馬銀春 著

目錄

目錄

目錄

第十章　好男人回歸家庭，從臺前走到幕後

第十一章幸福比成功更重要

目錄

前言

　　一個男人的成功離不開女人的支持，任何一個人都不能輕易地將一個男人的成功簡單地歸為他自己的成功。我們更應該看到在他背後，為他付出、全力支持他的女人們。好女人是男人的學校，是男人的老師。沒有好女人，何來好男人。同樣地，男人對一個女人的影響也是無法估量的：一個男人能成就一個女人，也能毀掉一個女人。

　　曾有人說，女人的偉大不僅僅在於她們自身的偉大，還在於她是男人前進的動力。正所謂：「聰明女人激勵男人，才情女人吸引男人，智慧女人成就男人，善良女人鼓勵男人，潑辣女人修理男人，精明女人累死男人。」

　　同樣，一個女人生活幸福的關鍵在於選擇男人，俗話說，男怕入錯行，女怕嫁錯郎。選擇了一個男人就是選擇了一種生活。一個好男人，是那種可以把家庭和工作都處理得很到位的人；一個好男人，是那種可以將家庭中的各種關係處理得很融洽的人；一個好男人，一定是有一個幸福家庭的人。

　　現代家庭是建立在理解、尊重、平等和民主的基礎上的，如果說女人是花，那麼男人就是枝和葉，離開了枝和葉，花是不可能怒放的。E時代是男女各頂半邊天的時代，成功也不再是男人的代名詞，已有很多女性走出家庭，接觸社會、發展事

前言

業。成功的女人也不斷湧現，她們成為政治、經濟、科學文化等各方面的名流和菁英。都說一個成功的男人背後會有一個女人，但事實也說明，一個成功的女人的背後也必將有一個提升她的男人。

本書將帶著我們一起走近成功男人和幸福女人，從他們鮮為人知的愛情、親情、友情中探尋成功的密碼。

有句話說得好：「男人的一半是女人。」好女人是男人的學校，是男人的老師。一個成功男人離不開一個好女人。如果一個男人擁有了一位全心全意幫助自己的女人，那這是他的幸運。

在現實生活中，常聽女人感慨萬千地說：「好男人到哪去了？」殊不知說這句話的時候你已經忽略了身邊的那個他。許多女人總認為好男人是天生的，她唯一能做的就是等待或邂逅，一生被動地等著遇到好男人，被動地用等待來決定自己的命運，而不知更多的時候，一個成功的男人是好女人塑造出來的！幫助男人成功，就是為自己尋找幸福。

如果說男人是一座金礦，女人又為何不做那個挖掘者，去探尋開採呢？當你付出了努力和耐心，便會驚奇地發現，滌去黃沙後是閃光耀眼的金子。

男人能征服千軍萬馬，但不一定有一顆能征服平凡女人的心；女人能抵禦一切欲望的產生，卻難以抵禦一絲委屈入侵心頭。一個女人找對了男人，便走上了一條追求幸福的捷徑。

有人說，男人要是找對女人，可以少奮鬥十年。 男人的一生，沒有事業和金錢很可怕，而找錯了女人比沒有事業和金錢更可怕；同樣地，男人對一個女人的影響也是無法估量的。一個好男人能成就一個女人，一個壞男人會毀掉一個女人。

　　成功男人的背後站著一個偉大的女人，這位偉大的女人，可能是母親、妻子、情人、助手、紅顏知己……同樣地，一個幸福的女人背後也站著一個不平凡的男人，這位不平凡的男人，可能是父親、丈夫、情人、夥伴、藍顏知己……

　　本書將帶著我們一起走近成功男人和幸福女人，從他們鮮為人知的親情、友情、愛情中探尋成功的密碼。女人讀了，會從中受到激勵，感受到做個好女人的幸福；男人讀了，會從中得到慰藉和啟發，向成功邁進一步。

　　男人對一個女人的影響也是無法估量的。一個好男人能成就一個女人，一個壞男人會毀掉一個女人。有人說，男人要是找對女人，可以少奮鬥十年。

　　女人的偉大不僅僅在於她們自身的偉大，還在於她是男人前進的動力。她站在男人背後，守著他的窩，拴著他的胃，牽著他的心。為他披上盔甲，看他騎上戰馬，再拋給他一朵花、一個吻，讓他勇敢地出征，凱旋而歸！

前言

上篇
好女人塑造成功男人

第一章
男人找對女人，可以少奮鬥十年

男人要是找對女人，可以少奮鬥十年。一個男人的背後要是能有一個和你風雨同舟、同甘共苦的女人一直支持你，那你打拚事業也有熱情和堅強的毅力。因為一個好女人可以使男人充滿鬥志，充滿熱情；而一個壞女人卻只能使男人顏面掃盡，丟盔棄甲。當一個女人在你奮鬥了幾年後她又移情別戀，不但帶走了你的錢財，也帶走了你對她的感情，這樣一來，你還要重新開始，你說傷心不傷心呢？

男人都愛「旺夫女」

「旺夫」這種話題似乎多少有面相學色彩，普通人很難明白什麼樣的女人是具有旺夫相的，只有過起日子以後才能知道。如果一個男人娶到老婆後越來越成功，我們可以說是這個女人給他帶來了幸運。當然男人的成功還有很多別的因素。什麼樣的女人旺夫？其實，旺不旺夫不能單單由長相決定，誰能說出哪個女人旺夫，哪個女人不旺夫，能旺夫的女人便會人人搶著要，如果人人都知道什麼樣的女人能旺夫，那麼我們身邊的男人就沒有窮人和富人了，最旺夫的女人身價也就成為衡量男人財富的尺碼了。

女人的旺夫不由外表決定，而是綜合表現。女人「旺夫」表現在：心態平和，能始終將感情放在首要位置；慧眼識珠，能在茫茫人海中找對男人；同甘共苦，在婚姻生活裡從不無謂地給男人壓力；傾心支持，能頂住多方壓力始終與丈夫保持一致；脈脈真情，心甘情願當自己丈夫的賢內助。

下面介紹四種旺夫女人：

* **溫柔善良，善解人意型**：什麼樣的女人是目前你最需要的類型？年輕商人心裡最美的女人是什麼樣子？他們一般回答「善良溫柔！」對，女人的善良和溫柔最重要，也就是我們說的善解人意，這樣的女人會讓男人活得很輕鬆。越是成熟、成功的男人越對這樣的女人會有生活上的依賴和依戀。

* **親切可愛型**：她們待人親切、支持照顧、孝順父母。白天
  在家做做家事、做自己喜歡做的事，晚上盼著老公下班的
  時間早點到來，不必為金錢煩惱，也沒有工作壓力，這樣
  輕鬆安逸的生活多幸福！可能大多數男人會有此同感。而
  一些男人則認為女人旺夫，男人比女人更幸福，娶一位能
  和自己的母親和睦相處的太太是最大的幸福，這種和睦友
  善相處是對男人最大的呵護。

* **心比天寬型**：這類女人真誠、實在、大氣。男人不是「管」
  出來的，而是「放」出來的！如果一個男人結婚多年，一
  直不受拘束、行動自由，即使有事情在外面留宿沒及時通
  知她，家裡也不會翻天，太太的大氣是個很重要的前提。
  旺夫的女人需要有天分，天生心寬，這是學不來的。

* **相依相伴型**：這類女人善於溝通、不找麻煩，並且能老來
  做伴。大多數男人都想找一個優雅得體、上得廳堂、下得
  廚房的女人。這樣的女人有，卻不一定讓你遇見。其實想
  通了找一個可以跟你坐下來聊聊天，工作上替你減壓的女
  人就行了。旺夫的女人不只旺老公的事業，也旺整個家
  庭，而這些女人大多長相普通，沒有太多欲望，踏踏實實
  生活。老公不願意處理的事都由老婆出面，老婆還要帶孩
  子、孝敬父母、穩固家庭後方的陣地，旺夫的女人是男人
  後半輩子特別好的伴。

當然，做一個旺夫的女人非常不容易。她站在男人背後，守著他的窩，拴著他的胃，牽著他的心；為他披上盔甲，看他騎上戰馬，再拋給他一朵花、一個吻，讓他勇敢地出征……這些背後的辛苦和淚水，也常常容易受到男人的忽視。所以我們如今提倡新派旺夫女，她們既旺了老公，照顧了自己，獲得了男人的認可，也豐富了自己的生活。

有這樣一個小笑話：

一次，美國前總統柯林頓與老婆希拉蕊在加油站小憩。希拉蕊指著一名加油工說：「那個，曾是我的初戀情人。」

柯林頓不屑地努嘴：「切，如果妳當初嫁給他，現在也就是個工人階級的老婆。」希拉蕊聽罷大手一揮：「不，那他將會是美國總統！」

希拉蕊是大家心目中「旺夫女」的傑出代表。其實世界各地都一樣，李嘉誠、王永慶、郭台銘……在他們背後，默默無聞、無私付出的另一半到底是什麼樣的呢？她們有的捨棄本行專心助夫；有的在家庭需要時甘願退居幕後，專心相夫教子；還有的與夫君比翼雙飛，共游商海。只不過，有一點是共同的，那就是她們的光芒都被丈夫身上的光環所掩蓋了。但正是因為在成功男人的背後，有許多優秀的女性默默無聞地奉獻著光和熱，才使他們身上的光芒如此奪目。

上天也要賢內助

「每個成功男人的背後都有一個偉大的女性」，這句話激勵著許多女性不辭辛苦、心甘情願地放棄自己的興趣、愛好，甚至自己的事業，包攬了所有家事，承擔起撫養和教育孩子的責任，努力幫助自己的丈夫獲得事業上的成功。

人們常說，好女人是一所學校，想把一個潛意識中有野性的男人教育成自己的好丈夫，多半還得靠心計和智慧。而女人的最大智慧是賢慧。但不是所有的女人都懂得這個道理的。一些很現實的女人們認為：「時代發展了，女人傳統的美德也會跟著發展，內涵已經發生了變化，一味地溫柔體貼已經遠遠跟不上時代的需求，在資訊萬變、觀念層出不窮的新時代，不變的賢慧會給人『忠厚得可憐、善良得愚昧』的感覺。」其實此言大錯特錯。

一個賢慧的女人，能給予丈夫一片安寧的心境，會讓丈夫事業有成。

每一個男人都需要一個賢內助，這個賢內助不僅幫助他照顧好家庭，為他解除後顧之憂，而且一心呵護、鼓勵並支持他。

好的賢內助對於男人，就像燃料對於引擎那麼重要。好的賢內助使男人的引擎繼續發動。它使人們心理和精神的電池充電，將默默無聞轉為成功。

長久的默默無聞有時候會挫減男人們的銳氣，嚴重地打擊甚至還會使男人們直不起腰來！但如果有他們的愛人在背後對他們的默默支持，那麼事情就會不一樣了。

《聖經》上說：「信心是大家都希望得到的東西，是我們所看不到的東西的佐證。」

這就是賢內助的妻子們，對他們丈夫的一種信任。

然而作為一位好的賢內助，不僅要永遠站在丈夫身邊支持他，還要幫助他處理好家庭問題，解除他的後顧之憂。為什麼這麼說呢？因為家庭問題是創業者放在重要地位的大事。家和萬事興，如果沒有和睦美滿的家庭，創業者就無法集中精力做事業；如果沒有平靜祥和的家庭，創業者的事業再成功也沒有多大的意義。

有人將家庭比做避風的港灣，有人將家庭比做溫暖的火爐，也有人將家庭比做溫馨的搖籃。這些都說明了一個道理：人人都關注家庭，人人都渴望擁有一個和諧幸福的家庭。

家，恰如其表，它就像一把保護傘，替我們擋風遮雨，袪暑避寒！俗話說：家和萬事興。所以，家庭和睦對一個人的順利成長具有不可或缺的作用。古也罷，今也罷，但凡一個人生活的苦樂，心情的好壞，乃至事業的成敗，都與家庭是否和睦緊密相關。家庭，對於每個人來說，都是得之不易的。

家和才能萬事興，「和」是方法，「興」是目標。我們的生活就是為了安康、幸福和美滿。

有這樣兩句俗話：一句是安居樂業；另一句是家和萬事興。可見，自古人們便知道了家庭的安定對事業的興旺是何等的重要。所以作為妻子，不要忘了和另一半組成家庭的目的：為自己深愛的丈夫創造一個舒適的、溫馨的港灣和充電站。聰明的妳應該想想，當妳的丈夫工作了一天回來之後，他回到家裡希望擁有怎樣一種氣氛？哪一種氣氛才能使他在每天早上起來之後精神飽滿地去工作？這個問題的答案，和妳丈夫的成功有著密切的關聯。為了能夠讓丈夫有更高的工作效率，妳應該維繫家庭的和睦，做一名賢內助。

但是想要成為一個合格的「賢內助」，也並不是一件輕而易舉的事情，必須明確以下幾點：

* **成為丈夫最理想的合作者**：不管怎麼說，做妻子的一方如果一味做出犧牲，就等於埋下了彼此不平衡的未爆彈，甚至會導致雙方的感情破裂。因此在對待有事業心的丈夫時，妳不可單單強調家務、生活等方面的輔助，更多的是應該把丈夫的事業當作自己的事業，並參與其中，共同追求，讓自己成為丈夫最理想的合作者。這樣的妻子在丈夫事業向前邁進的時候，是永遠也不會被遺忘在背後的。

* **給予丈夫貼心的關懷和幫助**：男人有時候心是很脆弱的，尤其是當他陷入矛盾，遇到困惑，遭遇挫折時，更需要有一個溫暖的家，一個體貼的妻子！因此女人要細心觀察、

研究丈夫的情緒變化，在他們最需要的時候給予最恰當的幫助和最貼心的關懷，才有利於塑造美滿的家庭，你的丈夫才會取得更大的成功。

＊ **不要一味地給丈夫施加壓力**：有些女人往往有很強的虛榮心，所謂「夫榮妻貴」。此外，她們往往還有很強的依附心理。為了滿足她們的虛榮心和依賴性，她們不惜給丈夫施加各種壓力。鼓勵丈夫發奮圖強當然沒有錯，但如果不根據實際情況，製造壓力，可能會適得其反。

＊ **要有足夠的信心**：當妳把家裡的一切都打理得井然有序，丈夫卻從來沒有表達過感謝時；當妳穿上一件新買的衣服，丈夫卻沒有給予期望的讚賞時，女人往往會產生這樣的疑慮：為什麼自己總是被忽略？丈夫是不是有了外遇？事實上，夫妻間的感情必須建立在相互信任、相互尊重、相互了解的基礎上，而猜疑正好違背了這些原則，它是夫妻真摯情感的殺手。婚姻中倘若有了猜疑，悲劇便會產生，生活中這樣的事例已發生了許多。所以，妳不要總是猜疑自己的丈夫，更不必杞人憂天害怕自己會被遺棄，而要對婚姻有持久的足夠的信心。

男人需要忠誠的支持者

一個好的女人是一所學校，可以讓男人在這裡成長、思考、成熟。一個好的妻子，一定會成為丈夫的風向標，一定會在丈夫面前經常敲敲邊鼓，敲敲警鐘，一定會安於清貧、樂於平常，這樣才會給在外打拚的丈夫營造一個和諧、溫馨、平靜的港灣，才能讓丈夫在事業上一路順遂，在心靈的家園裡一片安寧。

男人受挫折、落寞的時候往往需要女人的溫柔，需要有一個人來開啟、安慰。女人帶著她滿腔的柔情去撫慰、激勵著男人，於是男人發誓一定要成功，為了女人。

也許是因為有了這樣的一位女人，她們為男人的成功撐起一片綠蔭，使得男人處理所有的事情都遊刃有餘，志氣滿懷，並在自己事業的戰場上放手一搏，進而成功在握。

很多人認為男人是強者，是力量，是成功的代表，可是男人也是人，甚至有時候也是一種脆弱的動物。他們有七情六欲，有豐富的情感。妻子不光要看到丈夫強壯的一面，最主要的是呵護他個性中的軟弱。當丈夫在外面遭受挫折時，唯有家才是能得到安慰的地方。因此作為妻子，你切勿嘲笑他的無能。在這個時候，他最需要你的撫慰，需要你的鼓勵。

男人的青春是從女人身上煥發的，沒有女人給男人陽光般的溫暖，男人就不會永遠沐浴春暉，就永遠不可能做到春風得意。

這個女人就是妳！所以在他們孤獨、彷徨無助的時候，在丈夫心力交瘁的時候，妳要用自己的熱情喚起他的自信；妳要用自己的柔情讓他得到放鬆；妳要用自己的熱情燃盡他的狼狽與灰心。

人們常說，一個成功男人的背後，一定有一個賢慧豁達的女人。好的家庭婚姻生活，不僅能使人心情舒暢，而且會幫助男人取得成功。

愛迪生說：「我最需要的，是有個人來使我做我能做的事。」、「開放我的胸懷。」換句話說，就是支持與鼓勵。

作為女人沒有辦法控制丈夫的工作環境，但是女性們可以嘗試對丈夫做些鼓勵或者支持，以刺激丈夫更有創造力地思考和生活。

一個懂得支持男人的女人，會給男人帶來強烈的自信，將會使他獲得意外的巨大成功。懂得支持男人的女人，她們會以一種特殊的視覺與敏感，看到男人身上潛在的別人看不到的特質，因為她們會用眼睛去看，也會用內心去愛。這種支持不會讓她們的丈夫承認失敗，如果他遭遇挫折，她們會在一次失敗之後，適時鼓勵丈夫，清除掉他們的穢氣，然後再把他們送到激烈的競爭中。因為她們對男人有著絕對的信任，而這也就能給男人最大的支持。

所以說，一個成功男人的背後，通常都有一個女人。女人能帶給男人不同的人生觀，使他不斷頓悟，逐漸成熟 —— 這些

正是成功的要素。女人對男人的支援，可以使他奮發圖強，可以喚醒他的責任感，讓他奮不顧身。而男人從最初不起眼的小角色到最終出人頭地，從來就離不開女人。

成功男人推崇的好女人標準

　　成功男人背後的女人是一個十分重要的角色。因為對於成功男人來說，事業是他們的生命。所以，成功男人在追求事業的過程中，作為男人的另一半 —— 女人，想要得到真愛，想要擁有一個溫暖而美滿的家，想要讓男人成功，就要努力營造自己，成為成功男人推崇的好女人。當然，這並不是說要女人丟掉自己的個性，為男人而活，而是說，為了自己丈夫能更好地發展，為了自己的家庭能有良好的氛圍，作為一個妻子就應該將女人的職責做好。

　　作為成功男人背後的女人，就應該了解「好女人」標準，使自己成為優秀的賢內助。那麼成功男人推崇的「好女人」的標準是什麼呢？

* **天生麗質但不冷豔**：多數成功好男人天天在人海中拚搏，厭倦了戴著面具做人的是是非非。然而偏愛濃妝豔抹的女人，猶如戴著面具，並不是他們欣賞的類別。他們認為，女人的美不是靠化妝品堆出來的，天然的美才是真正的

美。濃妝豔抹固然可以讓一個女人漂亮，但卸妝以後，往往帶來的就是失望。天生麗質的女人最耐看，怎麼看怎麼漂亮。但天生麗質的女人有一個最大的缺點，就是仗著自己美麗，心高氣傲，常常把臉繃得像鐵板，看著很冷。他們認為，女人擁有了天生麗質還不夠，還必須活潑，會微笑，美得協調，美得有動感。

* **天性快樂，善良開朗**：女性的快樂，使周圍的人們感到輕鬆、活躍，感到青春的美，從而願意與其交往、與其接近。她們在帶給別人快樂的同時，也獲得了心理上的滿足，增強了自信，對生活也更加熱愛。

* **具有女性美**：這裡首先是指外貌美、天生麗質。中世紀哲學家多瑪斯‧阿奎那對人體美的觀點值得借鑒：「人體美在於四肢五官端正勻稱，再加上鮮明的色澤。」「美有三個要素：第一是一種完整或完美，凡是不完整的東西就是醜的；第二是適當的比例或和諧；第三是鮮明，所以鮮明的顏色是公認為美的。」其次，女性美是指舉止言談、舉手投足、一顰一笑都令人喜歡。

* **個性突出，與眾不同**：對於男性來說，女性的美貌是直接的吸引力。然而隨著交往和了解的加深，真正能夠吸引男性的，是她與眾不同的個性，個性化的表情、個性化的語言、個性化的裝扮，因為這是她的特色，是其他女人所沒有的。

* **溫柔體貼，態度可人**：溫柔是女性的本色和天性，這是由她們的感情特點所決定的。女性都富於同情心，比較關心和體貼他人，比較容易讓人接近，這些都是男性們自愧不如而心馳神往的。英國詩人羅勃特・白朗寧說：「它是最美的美容標本，是金錢所難買到的。它是柔軟的枕頭，它是沉靜細膩的聲音，只要你聽到一次，就會終身難忘。」柔情似水，似乎是柔弱無力的，但水可以穿石，柔可以克剛。所以說，溫柔是女性的可愛處之一，缺少溫柔的女性，就像花朵沒有芳香，是不招人喜愛的。

* **聰慧機敏，靈巧活潑**：聰明的女性對男性有較大的吸引力。善於思考問題，表達獨特見解，思維活躍，反應靈敏，有一定的個人愛好，生活情趣濃厚，能使人觸發靈感，這樣的女性自然會使別人產生興趣。跟她在一起，生活會變得充實，有著無窮的樂趣。

* **衣著整潔，款式得體**：衣著打扮反映著一個人的精神狀態，男性最容易以此判斷一個女性的個性和風度。整潔合體的裝扮會使人感到清爽、俐落；新穎別致的服飾會使人楚楚動人，增添幾分魅力。相反，不修邊幅的女性，不僅會降低自身的格調，而且會使男性認為是對他的不尊重。

* **要自立**：不依附於男人生存的女人才能做到獨立、自尊。整天想不工作，就想這輩子嫁個有錢人養自己一輩子的女

人是娶不得的。最起碼應該好好工作，努力耕耘自己的一項事業，賺錢多少可另當別論。即使沒有工作，她也能在家裡做好內務，把家打理得井然有序。

* **要懂得美：** 愛美是所有女人的天性，但美要得體，要襯托出氣質來，雖不是好衣卻很整潔，雖無名貴化妝品卻自然樸實。自然優美的女人，不會像那種花枝招展、引蜂招蝶的人一樣去招惹是非，更不會去追求奢侈的生活。這種美是賞心悅目的美。一個賞心悅目的女人必定會使人非常舒心，每天也必定會生活在快樂之中。

* **要聰慧自愛：** 女子有才，是男人的福氣，有個聰慧的老婆意味著你今生能得一知己。事業失意，她會寬慰你；遇到瓶頸時，她會為你出謀策畫和提出建議。在這裡，有一點值得注意，就是學歷高並不代表聰慧。如果一個女人仗著自己學歷高就處處壓制著男人，那麼男人一生也必定不會再有出頭之日了。

  還有就是自愛，好女人應潔身自好，作風乾淨，光明磊落，出淤泥而不染。否則，結婚後一個女人的不自愛必定會使男人捲進無窮無盡的是非之中。這個時候，對於男人不要說事業無成，可能連最起碼的形象也沒有了。

懂得寬容的女人有幫夫運

寬容的女性用細膩的情感去體貼丈夫，並對他的異性友人予以一種無形的關照，她知道這不僅是一種責任，也是奠定夫妻之愛的基礎，而這種關照，本身就是對丈夫的巨大幫助。所以，良好的婚姻、家庭是男人成功的一個支柱。

1998 年 8 月的一天早晨，當希拉蕊的丈夫、美國總統柯林頓向她承認自己和陸文斯基有過不當親密關係時，她憤怒得像一頭獅子，對著他大吼大叫。在希拉蕊的回憶錄中她這樣寫道：「我真恨不得擰斷他的脖子，但他不只是我的丈夫，他同時也是美國的總統。」、「無論如何，他領導美國這樣一個大國而體現出的風範依然讓我敬佩。」人們最終看到的是：希拉蕊寬恕了自己的丈夫。

希拉蕊公布了和柯林頓曾經有過的生活：「我們聊天，我們在日光浴室、在臥房、在廚房裡聊些雞毛蒜皮的事。我們喜歡躺在床上看電影，你知道，就是那種能放在膝蓋上的小巧的個人錄影機。」當柯林頓和陸文斯基的緋聞在全世界搞得沸沸揚揚時，希拉蕊為了恢復平靜的生活，沒有表現出絲毫的怨恨和痛苦，責無旁貸地以妻子獨特的身分證實丈夫的「忠誠」。她宣布：「我相信我比世界上任何人都了解他。」

這種態度讓全世界都看到了希拉蕊是一個多麼明智的女人。她不想對著全世界大哭大鬧，因為她知道所有的人都在等

著看這個笑話，而也正因為她，柯林頓才有了下臺階的機會。

當時，許多美國婦女也在問自己：如果我處在希拉蕊的位置，我會怎麼做？我能像她一樣堅強嗎？另外一些婦女則在想：她會原諒他嗎？她怎麼還能受得了如此一擊？不過，不管這些婦女屬於哪個陣營，許多人認為希拉蕊的確處於困境當中。在面對丈夫背叛自己的情況下，她所表現出的勇氣以及痛苦都是真實的。

在希拉蕊的回憶錄中她說：「我只能走入內心和信仰的深處，去探尋婚姻中是否還殘留著些許信任，去找尋理解的途徑。此時此刻，我真的不知道自己會怎麼做。」「寬恕是一種偉大的力量，愛是另一種力量。愛之所以稱之為愛，就是因為它能夠在人生旅途疲憊時，追憶起那些被淡忘了的美好時刻。」

寬恕是一種恩典，忍讓是一種智慧。忍讓並不是忍氣吞聲地苟且活著，等待著愛的施捨，而是徹底放棄怨恨，擔負起對自己幸福的責任，把自己從受傷者變成得勝者；寬容既是給別人一個改過的機會，也是給自己一個褒獎的殿堂。

當然，很多女人並不一定能做到希拉蕊那樣的明智。在現實生活中，經常見到的多是很多女人的小聰明。多少女人因為自己的小聰明而把自己推向了痛苦的深淵。她們在小聰明的指使下，翻看丈夫的公事包，探詢丈夫的行蹤，查閱丈夫的手機資訊，試圖為自己的猜想找到蛛絲馬跡，當她們把這些想法付諸行動的時候，也就由小聰明變成了愚蠢。一些破裂的家庭中，在相當程度上，真正的元兇就是女人的小聰明。就這樣，

在自己的無意識中把自己優秀的丈夫推給了別的女人。小聰明讓女人在一些事情上只會想像和猜想，最終讓女人鑽入牛角尖，而智慧的女人會在一些事情面前去分析，去尋求最理想的解決方案，這兩種女人之間橫隔著的就是 —— 理智。

在長期的家庭生活中，吸引對方持續愛情的最終力量，可能不是美貌，不是浪漫，甚至也可能不是偉大的成功，而是一個人個性的明亮。這種明亮是一個人最吸引人的個性特徵，而這種個性特徵的底蘊就在於一個女人的寬容。

試想在生活中，一個女人能夠用心聽男人誇誇其談是一種寬容。男人在女人面前吹牛，不過是一種缺乏自信的表現，女人如果不能傾聽，男人的自信心難以建立就會崩潰。

一個女人能夠允許男人沉迷於一些沒有意義的小事是一種寬容。比如，組裝模型，或通宵打線上遊戲。男人往往透過這些癖好來達到心理滿足。

一個女人能夠允許男人和朋友們消磨時光是一種寬容。因為男人需要不時地回到少年時代，這是少年時逃避母親過分的愛和關心心理的再現。再說如果人沒有朋友，這一生就幾乎注定了是一場悲劇。

一個女人能夠讓男人和其他女人交往是一種寬容。男人天生喜歡尋找和欣賞異性身上的美，但並不是所有的男人都見一個愛一個。事實上，有好欣賞力的男人，多半會很好地愛自己的妻子。

第一章男人找對女人，可以少奮鬥十年

　　一個女人能夠在男人不圖進取時保持適當的沉默是一種寬容。人無完人，男人的一生中很少能夠永遠一往無前。大多數男人總會有週期性的情緒波動和行為上的調整。揠苗助長的結果往往適得其反，男人並不總是需要激勵。

　　一個女人能夠保持充分的生活調節能力是一種寬容。男人常常用買東西給女人來表示情愛，實際上是他找不到更好的方式，更受不了整天關心女人的生活狀態。

　　一個女人能夠自得其樂是一種寬容。男人對於哄女人較不擅長，雖然終日打麻將並不是的好習慣，卻讓很多男人鬆了口氣。

　　而男人在如此寬容之下，會張牙舞爪、得志倡狂嗎？當然未必。因為男人一般都不會得寸進尺，來自女人的適度寬容往往是他最好的動力。不會領情的男人會有，但那是少數。正常的男人會好好地珍惜來自女人的寬容，因為女人的寬容對男人來說是一種實實在在、時時刻刻的需要。

　　總體來說，對於一個女人，沒有寬容的念頭和精神，就難以造就偉大的人格。對於社會來說，寬容是一種文明和進步。而在生活中，一個寬容的女人必定會給男人以鼓勵。

　　寬容，說白了就是理解。要胸懷舒暢，心懷寬大。這是對對方自尊心的一種特殊的尊重。

　　對男人來說，女人對男人內心深處的寬容，為男人提供了

一個相對自由和寬鬆的時間和空間，這樣的女人才是讓男人愛之不已惜之不已的美好伴侶。

女人對男人情感方面的寬容，是對男人人格的尊重，給男人一個良好的心境，才是對男人真正的靈魂關懷。

經常聽到一句話，一個成功的男人背後總有一個默默支持他的女人，或許，男人的剛毅僅適合角鬥場，而女人的母性可以使男人永遠充滿熱情。聰明女人的理解和寬容是男人最難以抵擋的武器，可以使一個正在狂吠怒吼的獅子轉變成一隻溫順的綿羊，而這就是成功男人背後女人的寬容所帶來的力量！

高情商的女人容易使男人贏得成功

以往，人們片面地認為，一個女人的高智商能促進丈夫取得成功。其實，這是人們的認知走入了一個誤區。如今，我們在生活中發現，甚至就在你的身邊，或就是你自己，智商很高，但是卻未必能幫助丈夫取得成功，更談不上促使他走向輝煌。那麼，一個女人怎樣才能夠幫助丈夫取得成功，使他的價值發展到極致，走向人生的輝煌呢？

大量的研究證明，在影響人們成功、制約人生走向輝煌的因素之中，智力（IQ）因素僅僅占 20％左右，而影響成功的80％因素則屬於非智力因素。

對於智商和情商在人生中的作用，心理學家得出以下的公式：

$$成功＝ 20\% \text{ IQ} ＋ 80\% \text{ EQ}$$

也就是說，一個人的一生，在事業、家庭等方面是不是成功，20%由智商決定，而80%則取決於個人的情商。

現在我們終於明白，男士的成功主要是情商在發揮關鍵性的作用。那作為成功男人背後的女人，如何幫助丈夫擁有高情商，進而取得成功呢？

第一，高情商的女性懂得告訴丈夫行動的道理。

有些女人在丈夫遇到困難的時候，常常會說「別埋頭苦幹了，等情緒好了的時候再說。」但一些高情商的女人卻不會這樣勸解自己的丈夫，她們總是會告訴自己的丈夫先動起來再說。

在那些丈夫想有所改變或有所創新的領域中，鼓勵丈夫行動起來，是幫助丈夫取得成功的關鍵。高情商的女人都有這樣的特徵：無論她們的丈夫情緒如何，她們總是告誡自己的丈夫要保持正常的工作。她們培養丈夫的智慧，使丈夫置身於一個最可能取得成功的環境之中。只要她們的丈夫擁有一個想法，哪怕這是一個不成熟的計畫、一個念頭，她們都鼓勵自己的丈夫去嘗試，在嘗試中加以改進。因為她們懂得，如果不去嘗試，就永遠實現不了目標。

第二，高情商的女性懂得告訴丈夫堅持就是勝利的道理。

目標是一點一點、一步一步達到的，有時甚至需要花費經年累月的時間，高情商的女人明白這一點。當他們鼓勵自己的丈夫為成功而奮鬥時，她們通常會告訴自己的丈夫要一步一步地前進，給自己嘗試的各種機會，並且堅持下去。

第三，高情商的女性懂得告訴丈夫努力，努力，再努力的道理。

高情商的女性是創造者，是男人成功的推動者。她們懂得只有努力工作才能把人生的羅盤指向成功的方向。所以，她們常常告誡自己的丈夫，要專心致力於那些有可能完成的事情，對自己面臨的每一個挑戰都全力以赴地應對。

第四，高情商的女性懂得不要爭論的道理。

高情商的女性懂得以讚揚和感激來鼓勵自己的丈夫，給丈夫大量的積極肯定。女性經常保持這種積極的態度，而極少在丈夫面前說消極的話，她懂得致力於維護關心的良好氣氛中。她們大量使用真誠的肯定來表示承認丈夫所做出的貢獻。

第五，高情商的女性懂得在丈夫面前誠實第一的道理。

高情商的女性無不具有誠實的特徵。她們告訴自己的丈夫，自己在想什麼和需要什麼。如果意見有所不同，就會面對面地，溫和而直截了當地解釋明白。她們深知誠實比說謊和假裝更要輕鬆。

第六，高情商的女性懂得具備良好心態的重要性。

高情商的女性善於發現現實生活中的美好事物。認為過去是一個可供借鑒的資料庫，而未來是一片快樂的、前途無限的、引人入勝的樂園。她們在丈夫遇到挫折時，竭力找出積極的東西，在環境中致力於幫助丈夫尋求發展和學習的機會。

高情商的女人，知道保持一種積極樂觀的態度，是幫助丈夫拚搏獲勝的關鍵。因為她們懂得，同一件事常常可以被說成好的或壞的、快樂的或痛苦的。決定性的因素一般取決於個人所參照的標準，而不是所發生的事件本身。

第七，高情商的女性懂得要有自知之明的重要性。

人貴自知，也難以自知。自知者明，自明者智，自智者立，自立者強，自強者勝。

一個人總有一些連自己也看不清楚的個性上的盲點。因此，高情商的女性懂得在背後時刻提醒自己的丈夫做好反思，並且能夠從不同的角度了解、認識自己的丈夫，客觀地評價自己的丈夫，幫助丈夫定位。並在此基礎之上，幫助丈夫處理好周圍的一切關係，幫助丈夫建立自信心，進而幫助丈夫走向輝煌。

同時，高情商的女人還能讀懂男人在各個時期的需要和想法，能跟上男人的步伐，並不斷地提升自己。配合丈夫在家庭和事業上共同進步，幫助老公在人際關係上、生活中樹立更好的形象。在男人失去目標和勇氣的時候幫他找到方向，在男人

驕傲的時候能及時提醒他不要飄飄然。如果你擁有這樣的妻子，那麼這是你的幸運，同時更是你事業蒸蒸日上的前兆。

一個成功男人背後如果擁有的是一個高情商的妻子，不但可以增進夫妻之間的情感關係，更能夠化解來自丈夫心中的負面情緒，成為丈夫的堅強後盾，彼此共同面對、解決生活中的突發事件與難題，給予對方情感與精神上的支持。

老闆需要什麼樣的祕書

當老闆的祕書並不是一件輕鬆的事，尤其是女性，在擔任這一職務的時候，總是會遇到各種流言飛語。但是成熟的祕書不會介意這些，她們所看重的是如何做好自己的本職工作，在一個完善的公司裡，擔任這一職務並不是一件輕鬆的事。妳所要面臨的是在部門中最高統帥的眼皮下工作，而且他具有敏捷的頭腦，精益求精的做事風格。所以說，當好祕書並不是一件容易的事。

在長江實業未做大之前，洪小蓮就是李嘉誠的祕書，如今，她已經成為李嘉誠長江實業公司的董事，她對李嘉誠的幫助很大。

霍建寧、周年茂、洪小蓮，被稱為長實系的新型「三駕馬車」。洪小蓮年齡也不算大，她全權負責樓房銷售時，還不

第一章 男人找對女人，可以少奮鬥十年

到 40 歲。洪小蓮在 1960 年代末期，長江未上市時，就跟隨李嘉誠任其祕書，後來又任長實董事。洪小蓮是長實出名的「靚女」，人長得好看，風度好，待人熱情，在地產界，在中環各公司，提起洪小蓮，無人不曉。

長江總部雖不到兩千人，卻是個超級商業帝國，每年為長實系工作與服務的人，數以萬計，資產市值高峰期達三千多億港幣，業務往來跨越大半個地球。大小事務，千頭萬緒，往往都要到洪小蓮這裡匯總。洪小蓮是個徹底的務實派，面試一名文書、會議所需的飲料、境外客戶下榻的酒店房間，她都要管到底。

如今她已經成為香港地產界的風雲人物，從一個行政祕書成長為李嘉誠的心腹大將。她被譽為「香港的打工皇后」。

可見，當祕書並不是一件容易的事情，而一個祕書能做到像洪小蓮這樣的可以說少之又少，因為祕書與主管的關係是下級與上級、服務者與管理者的關係。如何處理好祕書與主管的關係是祕書工作的核心，也是祕書面臨的一個現實問題。祕書要處理好與主管的關係，關鍵在有效地服務，而做好有效服務的決定因素是祕書的綜合素養：心理素質、品德與能力。這是祕書處理好與主管關係的基礎。

那麼如何做好這一角色呢？

第一，既要思維敏捷、頭腦靈活，善於及時準確地領會主管意圖，又要嚴守本分、忠誠老實。

祕書人員要很靈敏，對周圍發生的事必須能夠見微知著，一葉知秋，善於在複雜的環境中把握住事物的本質特徵。這樣才能爭取主動，提高效率。要做到這一點，必須花點心思。要經常閱讀，思考問題。要多接觸各方面的情況，做到心中有數，超前思維。但是，思維敏捷必須注意不要聰明過頭，否則便會聰明反被聰明誤。準確領會主管意圖，決不能見風使舵，投主管所好，看眼色行事。祕書人員必須忠誠老實，按事物的本來面貌反映情況和處理問題，不撒謊、不摻假，不能為討好主管而隨便誇大或縮小。一句話：祕書人員目光要敏銳，工作能力要強，又要忠誠可靠，適應性要強，原則性又不能差。

　　第二，既要忠實地按主管指示辦事，又要敢於在某些問題上提出自己的不同意見。

　　祕書必須聽從主管指揮，忠實地按主管指示行事，把自己的公務活動嚴格限定在主管指定的工作範圍之內，不得自行其是。主管的指示具有嚴肅性和權威性，祕書人員必須不折不扣地忠實執行，要圍繞主管的行動，積極開展工作，花時間幫助主管做出成效來。祕書要學會從被動中求主動，要善於觀察掌握領導者的個性、作風等個性特徵，主動配合，形成工作上的默契一致。但嚴格按主管指示行事，不等於盲目服從、曲意逢迎。當然，在一般情況下，祕書人員既要敢提出自己的意見，同時也要注意擺對自己的位置，不可固執己見。

第三，了解決策，懂得政策。祕書正確處理與主管關係需要一定的前提條件，簡言之，祕書必須了解主管的決策和戰略，並懂得政策。把握政策也是防止祕書在工作過程中迷失方向、迷失自我的保證。

第四，擺正位置，自覺服務。祕書須自覺維護主管權威，主動適應主管習性，要維護主管的威信，尊重主管的意見和決策，尊重主管的職權。主動適應主管習性，適當補償領主管不足，具體表現在精力補償、知識補償和能力補償上。

第五，要明確對於主管的態度首先要做到尊重而不奉承吹捧。

理順與領導的關係，是祕書工作者時時碰到，並需時時注意、處處謹慎的事情，也是表現工作技巧的地方。整體而言是以事業為重，從工作出發，從領導與被領導的地位出發。對正職和副職主管的工作、地位、人格等，要同等尊重、支持、配合、協助。

第六，祕書提意見必須堅持理論銜接實際。其一，作為一名合格的祕書，責任心要強，作風要正；其二，要具備一定的政治、哲學、市場經濟等基本理論知識和獨立的科學思維能力；其三，要具備超前的、活躍的創新意識，要有對事業高度負責的精神。只有這樣，才能保證理論與實際的融會貫通，才能拿出有道理的建議。為此，祕書就要扮演好「關起門來當主管」的角色，站在主管角度思考問題，只有這樣才能真正在領導決

策中發揮好祕書的助手作用。

　　總之，在一個成功男人背後的強大後援團中，祕書是這個後援團中必不可少的一個角色，努力做好女祕書的角色是塑造一個成功男人的重要條件之一。

扯後腿的女人，讓男人兵敗如山倒

　　男人的一生，沒有事業和金錢很可怕，而娶錯了老婆卻比沒有事業和金錢更可怕。

　　時代在變，人生經驗的至理名言也不會一成不變。以前的「男怕入錯行，女怕嫁錯郎」，如今已變成了「男人不怕入錯行，只怕老婆似母狼」。

　　在婦女足不出戶的那個年代，女人靠男人吃飯，男人靠行業和手藝來養家，所以男人選什麼樣的行業很重要，女人嫁什麼樣的男人也同樣重要，因為「嫁漢嫁漢穿衣吃飯」，女人是靠男人來過活的。

　　而現在則不同了，女人有了自己的事業，自己賺來的薪水，可以說已是家中的半壁江山。所以女人不再靠男人吃飯，也不怕嫁錯郎了。因為男人入錯行可以改行，事業敗了可以重來，而娶錯了女人，只怕就沒那麼簡單了。一個男人，不管是打工做管理還是獨立創業做老闆，雖有過人的才能，可再有才，也比不過扯後腿的老婆。

41

看看下面這個例子，在當今社會就很具有代表性。

　　有一天清晨兩點，志明剛進家門，發現老婆春嬌還沒有睡。她劈頭就罵志明去哪裡鬼混啦？為什麼打電話他都不接？志明這才想起他把手機調成了靜音模式，拿起手機一看，這才發現竟然有 26 個未接電話，當然，這 26 個都是春嬌打的。

　　春嬌一定要志明說出晚上到底和誰鬼混，去做什麼了，為什麼半夜才回家，否則就不讓志明睡覺。儘管志明又睏又累，酒喝多了很想吐，但春嬌根本不管他，依舊不停地大吵大鬧。志明只好說是陪客戶在外面應酬。春嬌則立刻要打電話給這位客戶求證。情急之下，志明才說出是為了拉攏業務部的人心才出去消遣。春嬌聽了更是大發雷霆，說當老闆的為何要這樣委屈自己去陪員工？志明說，員工也是人啊，也需要感情和精神的激勵，否則大家表面上支持，私底下作亂，自己再強大最後也要倒臺的。

　　但這些人情世故和職場的潛規則，春嬌全都不管，直說她堂堂一個公司經理，為何要看下屬的臉色？如果員工不高興，就全部離職好了，她不信公司沒有他們就會倒臺。

　　過了幾天，業務部人員果然集體離職了。志明只好臨時找其他部門的同事來支援業務。但更多的麻煩還在後面。公司裡有幾個幹部，積極找機會向春嬌投訴志明在公司管理上的一些缺失，包括他的祕書權力太大，經常假傳聖旨，而且好像和志

明關係曖昧。好幾次客戶來訪，志明都帶著祕書去迎接，並一起設宴為客戶接風洗塵，顯然他們根本沒把春嬌放在眼裡。

春嬌聽了大怒，當天晚上回到家，就逼志明要把祕書辭掉！不管志明怎麼解釋，春嬌都不改變主意，而且要把那些通風報信的幹部提拔上來，甚至還針對志明做出的幾項重大決策指指點點。

志明向春嬌解釋，同行競爭愈來愈激烈，使得公司的利潤一直下降，如果不開拓第二條產品線來分散風險，將來萬一第一條產品線不再續約，公司一定會面臨倒閉。然而，不管李兵怎麼解釋，志明就是聽不進去。於是，他們大吵了一架。

春嬌譏諷志明，要不是她娘家的支持，他怎麼會有現在的成就？志明精神幾乎崩潰，他罵了春嬌幾句，就逕自出門，到酒吧喝悶酒。他愈想愈不甘心，不甘心自己一手創立的公司，就要毀在春嬌手裡。他忽然間覺得很孤單，很無助，甚至不知道為何而拚？為誰而拚？

果然沒幾天，志明的祕書被換掉，那些巴結春嬌的幹部露出得意的笑容。那些升職的人，表面上對志明恭恭敬敬，但一轉身，他們就竊竊私語笑成一團。

過了半年，第一條產品線的供應商緊急通知志明，將於本月合約到期後不再續約，因為這半年來，志明都沒有派人定期去和供應商做簡報或交換意見。這麼一來，志明的公司等於被

人切斷了命脈。緊接著，公司業績持續下降，幾位菜鳥業務員不懂得行規，得罪了客戶，進而丟了所有訂單。

一夜之間，志明產品沒有了銷路，他只有急著救火。但手下那些巴結春嬌而升上來的幹部，個個把責任推得一乾二淨，表示他們才剛上任，也不知道怎麼救公司，只剩志明一個人急得像熱鍋上的螞蟻，但一切仍是於事無補。志明知道大勢已去，他怔怔地坐在辦公室裡發呆。

幾天後，志明公司陷入困境的消息傳了出去，合作廠商不約而同從四面八方趕來，全擠到公司要求把應付帳款用現金付清，公司亂成一團，員工也一一離去，沒過幾天志明只好宣布公司倒閉。

就這樣，志明的公司、事業、人脈、車子、積蓄……一下子全部消失了。他拖著疲憊的身子回到了家。由於當初為了擴充公司把房子拿去貸款，如今這房子也面臨拍賣。沒想到，志明回家一看，春嬌沉著臉早已把行李打包好，說要回娘家去住，不想被他拖累。臨走時還丟下一句：「你真的很會！好好的公司被你搞垮，我爸投資的 1,000 萬元先讓你欠著，不要說我們夫妻一場不講情分，你把公司的債先還清了，記得也要還我爸這些錢啊！」

志明聰明、有才能，不管是領導管理或上一線銷售，都有過人的才能，然而，他再厲害，也拚不過老婆的扯後腿。

看來，每個成功的男人背後都有一個支持他的女人，每個失敗的男人背後也有一個扯後腿的女人。娶一位有遠見的體貼型老婆，方能讓男人平步青雲，在競爭激烈的商場中打下一片江山。對一個家庭來說，女人也是半邊天，如果總讓男人的生命圍繞著女人轉，無論多麼有能力和才能的男人也會失去生命的精彩和快樂。所以想要有所作為的男人，一定要睜開慧眼，遠離那些有可能扯你後腿的女人。

第一章男人找對女人，可以少奮鬥十年

第二章
成功男人是好女人塑造出來的

一個成功男人離不開一個好女人，如果一個成功男人擁有了一位全心全意幫助自己的女人，那這是他的幸運。因為更多的時候，一個成功的男人是好女人塑造出來的。女人千萬不要用「你無論如何也不會成功」這句話來打擊自己的男人，這樣只能使這句話最終變成現實。

要從心裡理解他

　　生活中總是有很多女人抱怨自己的丈夫多麼懶惰、多麼悲觀、多麼無能，但她們從來不知道只要她們能在丈夫需要的時候給予適當的鼓勵，可以在他失落時、沮喪時，從心裡理解他，這樣才能使一個男人振奮起來，提升自己的自信，變成女人理想中的樣子。

　　世界第一汽車推銷員喬‧吉拉德就是一個例子。

　　喬‧吉拉德小時候，他的母親就不斷暗示他：「你是世界上獨一無二的，你是最偉大的！」這對喬‧吉拉德信心的塑造發揮了一定程度的影響。

　　當初喬‧吉拉德和他的妻子結婚時，可以說是一無所有。喬‧吉拉德何以能從一無所有做到世界第一汽車推銷員呢？不可否認，這離不開他個人的努力，但是，他妻子茱莉亞在他背後默默的支持也是最重要的一個因素。

　　每當喬‧吉拉德在生意上遇到挫折，拖著疲憊的身體回到家的時候，茱莉亞總是給以無微不至的關懷。她經常鼓勵他的一句話就是：「喬，你是最棒的，你一定行，我對你有信心！」

　　這看似很平常的一句鼓勵的話，但是作為丈夫的吉拉德會感到莫大的欣慰！因為他感到他的妻子並沒有因為自己貧困潦倒、事業沒有進展，就嘮叨不已，反而給予自己精神的鼓勵並

支撐著自己奮鬥不已。

　　經過幾年的努力，喬‧吉拉德的事業有了飛躍的發展。他的汽車銷售每年都取得非常好的業績。由原來的貧困潦倒變成了有車有房的中產階層，他和他的妻子，還有兩個孩子，一家四口過著幸福快樂的日子。

　　然而，後來一次生意上的突變，令喬‧吉拉德負債累累，法院下令要沒收他的房子，銀行要收回他的車子。由於害怕車子被沒收，他把車子放在離房子幾公里外的地方，然後偷偷地從後門進屋，怕在門前會被追債人碰上。但最後他的房子、車子還是全部被沒收了。喬‧吉拉德又一無所有了，回到起點，他的精神面臨崩潰。這時，他的妻子如果離他而去，可能這世上就沒有世界第一汽車銷售員喬‧吉拉德了。但茱莉亞並沒有離開他，而是摟著喬‧吉拉德說：「我們結婚時也是空無一物，不久我們就有了一切，那時我對你有信心，現在也是！我相信你一定行！因為你是最棒的！」於是，在這種精神動力的推動下，喬‧吉拉德從零開始，一步一步地攀上了他的事業高峰，連續 8 年榮獲世界第一汽車銷售員的稱號。

　　女人要學會激勵，而不是迫使自己的丈夫去做你想要達成的事，這是女人在與丈夫的交往中必須掌握的一門藝術。如果女人們不用激勵的方法，而是用嘮叨或者責罵的方式去推動丈夫採取行動，那麼，要想實現自己的目的就會很難。

第二章　成功男人是好女人塑造出來的

　　一位著名的哲人說過：「一個男人能否從婚姻中獲得幸福，他將要與之結婚的人的脾氣和性情，比其他任何事情都更加重要。一個女人即使擁有再多的美德，如果她脾氣暴躁又嘮叨、挑剔，個性孤僻，那麼她所有的美德都等於零。」

　　其實許多男人喪失鬥志，放棄了可能成功的機會，往往是因為常常被潑冷水，打擊他的每一個想法和希望。一直被無休止地挑剔，覺得他為什麼不能像其他人一樣會賺錢，或者是他為什麼得不到一個好職位。有一個這樣的妻子，做丈夫的怎能不變得垂頭喪氣？相反，一個聰明的女人，一定會懂得給丈夫以溫柔的肯定。在男人失落的時候給予他安慰，因為一句安慰可以讓男人重新站起來；在男人失敗的時候給予他鼓勵，因為一句鼓勵可以讓男人找回自我，重新努力；在男人有理想的時候給予他自信，因為一點自信可以讓男人分外努力。

　　所以，作為成功男人背後的女人不應該給男人打擊、諷刺、嘲笑。如果男人心愛的女人都覺得他不行，那麼男人更容易喪失信心。一個男人在做自己的事業的時候往往會遇到種種的挫折和失敗，在這個時候就需要有一個懂自己的人來安慰、關心和鼓勵自己，這些關心鼓勵不是祈求和索要得來的，因為有事業心的男人多半都把面子看得很重，在他們的心裡自己就是最強的！從另一方面講就是沒有自己做不到的。然而，在他挫折、失敗的時候，他更不會透露自己是脆弱的！其實他內心很希望有個人來安慰一下自己。這就需要有一個很細心的女

人，懂得自己的男人在這種情況下最需要的是什麼，而不是譏諷和嘲笑及說些令他丟面子的話。擁有這樣的女人是男人成功的一個關鍵因素。

男人在某種意義上都被人理解成「難人」（即難做的人）！男人做事業就要有自己的女人支持，與自己分擔壓力。一個人的精力是有限的，太多的問題很容易使一個人的精神達到極限直至崩潰。所以，一個成功男人的背後要有一個理解他的女人。當他處處不順心的時候，當他處境危險的時候，當他失敗的時候，一個好的賢內助都可以化為丈夫無窮的力量，幫助他達到成功。

做他事業的推進器

夫唱婦隨是傳統婚姻的模式，似乎已經老掉牙了，但是許多成功的女性正是在這個婚姻模式中展現自己的人生價值，也找到了生活的充實與快樂。可見傳統的婚姻模式未必過時，有時還是非常完美的。

在當今時代談論女人助夫的問題，也許某些女性會不以為然。是啊，封建時代提倡男主外女主內，夫唱婦隨，所以稱女人為「內助」，而今天已經是 21 世紀了，難道女人就不能獨立打拚事業嗎？當然，女人也能獨立打拚事業。但由於文化傳統的延續，至今仍然是男性居統治地位的世界，你又不能不承

認，男主外女主內、夫唱婦隨是一種常態。所以，提出助夫的問題仍然具有現實的合理性。何況我們在這裡說的是「肯助夫」，而不是無論具體情況如何都一定要助夫。

俗話說，一個好妻子不是對丈夫百依百順，不是只會賺錢的女強人，而是能推動丈夫事業向前發展的女人，並使丈夫在成功的道路上走得越來越穩當的女人。而這樣的女人在男人事業發展的過程中就可看成是一種有利的推進器。

一個懂得做丈夫推進器的女人，是使丈夫發揮最大潛能的最有力的力量源泉。在他成功的時候，在他失意的時候，在他迷惘的時候，作為妻子都不應該放棄自己的這種力量。因此，在這裡，我們想告誡女性朋友們，千萬不要忽視妳的這種作用。

為什麼這麼說呢？

不知大家是否記得這樣一句話：「每個男人事實上都是兩個人，一個是現實中的自己，另一個是理想中的自己。」那麼，作為一個女人，你嫁給一個男人，也可以說是嫁給了兩個男人。作為現實中的丈夫，如果他在事業上猶豫不決，那麼作為妻子的你就要想辦法幫助自己的丈夫成為理想中的他。所以，女性推進器的作用不可忽視。

那麼，作為妻子如何發揮推進器的作用呢？

第一，說明丈夫實現目標。

目標對於男人的成功是很重要的。作為妻子就是要想辦法

說明自己的老公實現目標，因為愛情不僅是兩個人對視，還應該是兩個人、四隻眼一起朝一個方向眺望。凡是生活目標不確定，或者實現自己目標之後變得懶散的男士，做妻子的就要想辦法說明自己的老公確定目標，並向更高的目標邁進。

在男人還是男孩的時候，父母就會幫他制訂很多計畫；當他長大成人後，幫助他制訂計畫的工作就落到了妻子身上。結合丈夫的職業特點和個人愛好，制訂宏偉的長遠計畫和切實可行的近期目標便是丈夫成功的基石。

第二，稱讚，增強丈夫成功的信心。

和世間所有人和事一樣，理解也分高層次和低層次。低層次理解只是一般認同，高層次理解應該是認同加讚美。對普通男人，或許妻子的認同足矣；對一個成功男人，妳一定要給予他不斷的讚美。當他把一件很平常的事情做得非常圓滿，當他向他的夢想邁出了小小一步，這時妻子應做出適當的反應，當妳以專注的眼神看著他，以認真、幸福的表情對他表示讚揚時，幾乎沒有一個丈夫不心花怒放。因為這個時候，女人的讚美不僅僅是一種肯定，而且也是在向他澆灌信心。不僅如此，成功男人還肩負著很多的沉重和危險，唯有不斷地讚美才能使他化沉重為輕鬆，把危險變成你倆共同的事業。

因此，做妻子的人，永遠不可以對她的丈夫說「你失敗了」。即使他真的失敗了，那麼他的老闆會毫不遲疑地告訴

他。但是在家裡，在吃飯的時候，在床上的時候，作為妻子，妳應該鼓勵他，人人都可以成功的。而那些向丈夫說「你無論如何也不會成功」的妻子，只會使這句話更快地實現。要知道，一個女人經過明智選擇說出的話，可以改變一個男人對自己的整體看法，使他變得更優秀，使他對生命有了全新的了解。

所以，一個家庭中應有這樣一個原則：作為女性，不要對男人過於苛刻，過分挑剔，更不要拿別的男人和他來比較，應該溫柔地鼓勵他、讚賞他，為他打氣加油，努力尋找他身上的閃光點。這會改變男人的人生觀和處世方法，在一定程度上也會激發丈夫更大的信心，在事業上取得更高的成就。

第三，體貼。

成功男人背後的女人，懂得如何去體貼勞累的男人，如何去安慰失敗後的男人，如何去與自己的男人談論這一天各自的得與失，如何去與自己的男人分享快樂與憂愁，而不是在遇到困難的時候去為難、去刁難自己的男人，而不是在自己男人事業起飛階段給自己的男人一棒重重的打擊。

第四，和丈夫志同道合，做丈夫的好伴侶。

丈夫和妻子不但是生活中的親密伴侶，而且應該是事業上志同道合的支持者。可能雙方的職業不同、受教育的程度不同，但在事業上還是應該相互支援和鼓勵的，丈夫在工作中遇到困難，碰到不順心的事情，做妻子的應該耐心地進行說明，

一起交流情況、分析原因、商量解決辦法。對於丈夫的缺點、錯誤，也應該進行善意的批評，說明他提高認識，儘快地克服和改正。不能為了怕傷害夫妻之間的感情，明知道是丈夫的失誤，也說是對的。要知道這種包庇縱容丈夫的做法是害丈夫，而不是愛，從長遠來說，這也是不利於丈夫發展的。

女人的激勵，男人的心跳

激勵是治療男人永恆的特效藥，是所有奇跡的萌發點，很多男人之所以默默無聞或者一事無成，除了個人自身的原因之外，還有一個很重要的原因，就是身邊的人不懂得激勵他。

有這樣一個故事：

美國人約翰‧富勒家中有 7 個兄弟姐妹，他從 5 歲開始工作，9 歲時就會趕騾子。他有一位了不起的母親，母親經常對他說：「我們不應該這麼窮，不要說貧窮是上帝的旨意。我們很窮，但不能怨天尤人，那是因為你爸爸從未有過改變貧窮的欲望，家中每一個人都胸無大志。」這些話深深地印在了富勒的心中，他下決心改變家中的貧窮狀況，並開始努力地追求財富。

12 年後，富勒接手一家被拍賣的公司，後來又陸續收購了 7 家公司。談及成功的祕訣，他總是用多年前母親的話回答：「我們很窮，但不能怨天尤人，那是因為爸爸從未有過改變貧窮

的欲望，家中每一個人都胸無大志。」富勒在多次受邀演講中說道：「雖然我不能成為富人的後代，但我可以成為富人的祖先。」

再如這樣一個故事：

東漢時，河南郡有一位賢慧的女子，人們都不知道她叫什麼名字，只知道是樂羊子的妻子。樂羊子是春秋末期魏國大將。

一天，樂羊子在路上拾到一塊金子，回家後把它交給妻子。妻子說：「我聽說有志向的人不喝盜泉的水，因為它的名字令人厭惡；也不吃別人施捨而呼喚過來的食物，寧可餓死。更何況拾取別人失去的東西？這樣會玷污品行。」樂羊子聽了妻子的話，非常慚愧，就把那塊金子扔到野外，然後到遠方去尋師求學。

一年後，樂羊子歸來。妻子跪著問他為何回家，樂羊子說：「出門時間長了想家，沒有其他緣故。」妻子聽罷，抓起一把刀走到織布機前說：「這機上織的絹帛產自蠶繭，成於織機。一根絲一根絲地累積起來，才有一寸長，一寸寸地累積下去，才有一丈乃至一匹。今天如果我將它割斷，就會前功盡棄，從前的時間也就白白浪費掉。」妻子接著又說：「讀書也是這樣，你累積學問，應該每天獲得新的知識，從而使自己的品行日益完美。如果半途而歸，和割斷織絲有什麼兩樣呢？」

樂羊子被妻子說的話深深感動了，於是又去求學以完成學

業，一連七年沒有回過家。

從這些故事中，我們可以看出懂得激勵男人的女人，必能為男人帶來好運道，能使男人在意想不到之處獲得成就感，會使男人產生極大的信心。所以說，智慧女人對男人的直接激勵是不可缺少的。

那麼，作為女人如何激勵男人呢？通常從以下幾個方面入手來激勵男人，會收到良好的效果：

一是激勵男性時，注意表達關心與體貼。

關心與體貼是女人善良天性的表現，也是女人細膩溫柔的體現。女人的關心，猶如拂面而過的春風，又如沁人心脾的花香，會在不知不覺中滲入男人的心田。男人最喜歡的是那種會關心、會體貼、善解人意的女人，女人的關心與溫柔會讓男人從心底裡感激。

二是別忘了在激勵的同時予以鼓勵。

一個女人鼓勵一位男人，是對他的未來充滿信心的一種表現。人在任何情況下都希望有支援和鼓勵，現在的社會，競爭這麼激烈，壓力那麼大，要獲得成功著實不易。一個成功的、春風得意的男人，即使在一定程度上實現了自我價值，也仍然需要別人的鼓勵，需要別人對他的信心。

三是認可，激發出男士的熱情。

這是一個行之有效的方法，如果作為妻子的妳時不時違反

第二章　成功男人是好女人塑造出來的

他的話，或者時不時譏諷他，那麼他就不可能有十足的衝勁。因為在所有人看來，即使是毫不起眼的認可，都是人生中非常重要的時刻，它的美好猶如黑暗中你所擦亮的第一根火柴，讓你看見希望在握。

四是找到燃點。

這是尊重人性的關鍵。選擇燃點是女人激勵男人的關鍵，就好比你要知道你手中每一根火柴它最容易被點燃的部分一樣。當你摩擦它正確的地方的時候，才能適時地劃亮它。如果火柴潮濕或者已經破損了，無論你再如何努力，也只有失敗的結果。每一個男人的「燃點」都不盡相同，所以，如何激發出男人最大的熱情，關鍵在於你是否懂得點燃他。

有位名人曾經大膽地說過：「生命的確是黑暗的，除非有了激勵。」的確，激勵是一種生活的藝術，是一種並非人人都會的技巧，是一門也許需要窮己一生的智慧去領悟的哲學。一個善於激勵男人的女人總是會及時地捕捉到這一點。這樣的女人懂得滿足男人的這一需要，激發他們埋藏在內心的進取心，從而達到推動他們人生和事業前進的目的。因此大家的人生旅途中應該學會如何激勵另一半，激勵自己，這將是男人們邁向成功而幸福人生的最重要的一步。

智慧引領，讓他把握自己的生命航線

曾看到過這樣一篇報導：

巴拉克·歐巴馬成為美國歷史上首位非洲裔總統，為美國歷史掀開嶄新一頁。

歐巴馬堅毅、重感情、認真不失幽默、機智不失風度的個性和處事方式，是他在 21 個月的艱苦選戰中最終獲勝的重要因素，這既給美國政壇和社會帶來了前所未有的震撼和衝擊，同時也使全世界的人民領略到了他超凡的個人魅力。擁有多元文化背景的歐巴馬，或許就是對「美國夢」最好的注解：他有一位肯亞黑人父親、美國白人母親和印尼繼父，並曾在雅加達接受教育。但你知道嗎，歐巴馬是如何從當年的「黑小子」、「壞小子」到美國總統競選人的？歐巴馬的成長歷程可謂是一部活生生的勵志電影，主演是他，但導演，卻是他的母親。

歐巴馬的父親是首批進入夏威夷大學的非洲學生，這位來自肯亞的留學生，吸引了他的母親，一個美麗的白人少女。後來兩人結婚，因為親友們反對他們在一起，所以他們結婚時根本沒通知親友。但在歐巴馬出生兩年後，生父卻離開了他們，帶著另一個女子回到肯亞。母親做了她那個年代大部分女子不會做的事情 —— 嫁給一個非洲男人，生下他的孩子並且離婚。儘管她以後的生活會非常艱難，但母親卻義無反顧。他後來常說，母親的個性實在是敢愛敢恨。

第二章　成功男人是好女人塑造出來的

　　離婚後，母親帶著他艱難地生活著。後來，母親認識了繼父 —— 一個來自印尼的留學生。母親帶著他到印尼生活，在雅加達郊區，道路到處是坑，通貨膨脹嚴重，學校裡的同學把有著黝黑皮膚、滿頭卷髮，再加上一副肥胖身材的歐巴馬取了一個叫「黑鬼」的綽號，他跑回家向母親要錢買香皂，想洗掉皮膚的黑色，但母親卻告訴他，當黑人一點也不需要自卑。

　　後來，他被送回美國夏威夷，在外祖母的監護下成長。由於他頭腦聰明，考上了當地最好的學校，這所學校裡白人小孩占多數，只有 3 個黑人小孩，這次，他又對自己的膚色產生了嚴重懷疑。

　　很快，叛逆期來了。十幾歲的他成了一個癮君子，他和任何一個絕望的黑人青年一樣，不知道生命的意義何在：家境是貧窮的，膚色是被人嘲笑的，前途是沒有的，成功的道路曲折得連路都找不著。他過了一段荒唐的日子，做了很多愚蠢的事，比如翹課、吸毒、泡妞等，成了一個不折不扣的「壞小子」。沒人知道拿他怎麼辦，許多老師都預言：美國所有州的監獄隨時都向他敞開！

　　這時，母親為了考取博士學位，主動到印尼進行人類學研究工作。他很奇怪母親的行為，母親卻告訴他，做人要有追求，做自己喜歡做的事情，並且要有益於他人，這才能獲得真正的快樂。

聽了母親的話，他一下就頓悟了。他重新整理自己已經放棄好久的夢想 —— 雖然我是黑人，但我要贏得人們的尊敬。於是，他認同了自己的美國黑人身分，努力學習，在考取哥倫比亞大學的同時，還仿效母親到社區裡做義工。他發現，幫助別人真的能獲得快樂，尤其是幫助弱勢團體，自己更能獲得成就感和愉悅感。

　　所以，他大學畢業後，只在華爾街做了兩年的高薪工作，便義無反顧地到芝加哥黑人社區從事社區服務工作，薪水很低，但他做得很快樂。他所做的也都是小事，社區的道路、照明、房屋修繕、勞資關係協調等，瑣碎且平常，他事無巨細都做得很認真。憑此良好的記錄，他考上了哈佛大學法學院，攻讀法學博士學位。他像母親一樣，開始為了讓更多人幸福而忘我地工作。然而，母親卻在這時患卵巢癌去世了。去世前，她完成了長達 1,000 頁的博士論文，文中對印尼農民的分析詳細切實，讓他讀起來心潮澎湃。

　　他在處理母親後事時發現，在印尼，母親和周圍的人有著極佳的關係。母親沒有給他留下任何遺言和遺產，但他卻認為，母親所擁有的一切 —— 自信、衝勁、敢愛敢恨以及極佳的人緣，是多少金錢也代替不了的寶藏。而正是這種榜樣的力量，成為他迅速在政壇崛起的法寶。

　　而且他曾經在社區工作的經歷，不僅幫他進入哈佛，還幫他

成功地打敗多名有財有勢的對手，成功地競選參議員。他沒想到的是，當他決定競選美國總統時，這段經歷又一次幫助了他。

他自己都沒有想到，當年自封的非洲冒牌王子後裔，有一天居然有可能成為美國總統。他想到當初自己沉淪時母親說的話：「歐巴馬，我覺得你父親是最帥最聰明的黑人，現在，你代替了他。」

許多人都和歐巴馬一樣，有過自卑和叛逆，有過彷徨和迷茫，然而歐巴馬很幸運，他在母親身上學到了人生的真諦：對社會的貢獻才是衡量一個人生命價值的真正尺度。

美國著名的心理學家馬斯洛曾說：「態度改變，你的習慣跟著改變；習慣改變，你的個性跟著改變；個性改變，你的人生跟著改變。」可見態度的轉變對一個人的人生又是何等的重要啊！望子成龍、盼女成鳳是每一個做家長的共同心願。有誰甘於讓自己的孩子走一條平庸的道路呢？我想也許我們應該從故事中歐巴馬的母親身上受到一些啟發，在家庭教育中給孩子智慧的引領，讓孩子汲取積極進取的力量，確立健康向上的人生態度，讓孩子將自己的命運攥在自己的手中，在正確的引領中成長、成才。努力做到全身心地去關注孩子，做他人生路上的引路人。

其實不僅對於孩子的關注應該如此，對於自己丈夫的關注也應如此。在丈夫迷茫彷徨時，給予他正確的指導，重新使他樹立人生的正確信念，給予身處逆境或懸崖邊的他一種內在的動力，這將會使他的內心重新燃起希望之火，這種智慧的引

領，會使男人或自己的孩子重新把握好生命的航線，並在這個航線上創造出輝煌。一個成功男人的背後必定有一個偉大的女人，這是一句蘊涵深刻人生哲理的話。

成功男人離不開幹練的女性合作者

人生最完美的過程，就是難得相知。「相知的並不一定能相愛，相愛的並不一定能長相守，而長相守的並不意味著就永遠的相愛。」如是相守不相愛的婚姻，人們在精神空虛而得不到釋懷的時候，就渴求能得到一個異性知己，希望能改變他的人生，心靈上有個寄託精神的港灣。

如果紅顏知己能有如此淋漓盡致的效果，那你心中的紅顏知己不就成了你的情人或你的妻子了嗎？如果是這樣的話，那就脫離了編者的意願。編者對「紅顏知己」的定義是能在一個成功男人背後死心塌地幫助他的女人。

曾經有人對 10 個成功男人做了這樣一個調查，問題是「如果對老婆、情人、紅顏知己這三種女人只能選一種，你最想得到的是哪種？」最後得到的答案只有一位選的是妻子，兩位選的是情人，七位選紅顏知己。這說明越是優秀男人越是渴望自己能擁有一個在事業和生活中給予指點迷津，在自己陷入困境時能幫助自己擺脫困境的紅顏知己。

真正的友誼，不是由老天來注定，而是由你自己來爭取。

用你的真心去交換另一顆真心，偉大的友誼才會誕生，它也許需要你幾年、十幾年，甚至一輩子的培養。尤其對於成功男人來講，同性的友誼往往在經營一項事業的時候很難以長久維持，而異性朋友則與其相反。如果你能與異性朋友和諧相處，並且擁有自己的獨特之處，那麼，你們在事業上會飛得更高、更遠，而且更快。

對於這樣的人，確切地來說是一個與你在精神上獨立、靈魂上平等，並能夠達成深刻共鳴的女性朋友。而不單單是讓你一味傾訴煩惱的情緒垃圾桶，或者在外面的世界受了傷害才倦鳥望歸的巢穴。在她面前，你不必像在同性朋友面前那樣逞強，更不必虛偽，只取決於你的品味和需要。她可以是善良的、智慧的、尖刻的甚至庸俗的，但必定善解人意 —— 能夠理解你並具有能夠引起共鳴的思想，能給予你適當的意見、建議，開解你、撫慰你。

「哲婦」成就男人

《詩經》中，〈大雅〉和〈小雅〉篇分別有「哲夫成城，哲婦傾城」；「赫赫宗周，褒姒滅之」的詩句。這就是譏諷周幽王寵倖絕代佳人褒姒，朝政荒廢而亡國的真實故事。哲者，明達、才智者也。傾城，是指城邦覆滅。「哲夫成城，哲婦傾城」，意思是「智慧的丈夫為城，智慧的婦人壞城」。自古以

來這種思想一直深入人心，人們大多認為紅顏禍水，並隨口可以羅列一大堆如貂蟬、趙飛燕、楊玉環等來佐證。

其實，這些女人僅僅是空有顏色而已，遠沒有達到「哲」的境界，用句現在的話來說就是只有外表沒有內涵的花瓶。真正的「哲婦」，真正智慧的女人不僅能成就她所深愛的男人，而且也能夠成就她的孩子。

北宋時期的大文學家、書畫家蘇軾，與其父親蘇洵、弟弟蘇轍被人們稱為「三蘇」。那麼，「三蘇」到底是如何功成名就的呢？按照現代流行說法，「每個成功的男人背後都有一個好女人」，而三個成功的男人背後的那個好女人又是誰呢？據記載，蘇洵、蘇軾和蘇轍這三個成功男人背後的那個好女人就是程氏，即蘇洵的妻子，蘇軾和蘇轍的母親。

蘇家三個男人的成績都很好，這與他們背後的程氏這個賢妻良母的幫助是分不開的。據載，程氏生於西元10十年，眉山人，大理寺丞程文應的女兒。程家在四川眉州是一個望族大戶，家境非常富有，程氏從小就受到了良好的家庭教育，由此而通經史，有氣節。司馬光在為程氏所寫的墓誌銘中，也讚美她「喜讀書，皆識其大義」。

程氏在18歲時嫁入蘇家，當時蘇洵年僅19歲，還是一個不知世事的懵懂少年。《蘇主簿夫人墓誌銘》載：「夫人姓程氏，眉山人，大理寺丞文應之女。生十八年，歸蘇氏。程氏富，蘇氏極貧。」程氏嫁入程家後，兩人婚姻生活曾一度過得十分艱

難。於是，有人建議程氏求助於自己的娘家，然而，這個建議卻被有志氣的程氏一口拒絕了，她不願意別人說自己丈夫靠她家維生的閒言碎語。

　　據說，蘇洵從小就很不喜歡讀書，也不知道自強和上進。這種個性在婚後依然沒什麼改進，照舊到處遊蕩，不懂得賺錢養家，一度使得從富家嫁過來的程氏心中十分難過。蘇洵後來自己也承認「昔予少年，遊蕩不學，子雖不言，耿耿不樂，我知子心，憂我汩沒」。也許是在婚後妻子程氏的百般苦勸之下，或是受到了艱難時世的客觀逼迫，蘇洵在 25 歲那年翻然醒悟，決定「治學」，發奮讀書，自強自立。

　　對蘇洵的翻然覺悟，程氏十分高興，自然分外支持。於是程氏把家事全部承擔下來，上事翁姑，下教子女，終日勤勞不息。還在眉山城南紗縠行街上租來一棟宅子，經營起布帛織物的生意。對此，後來蘇軾曾有文記載：「昔吾先君夫人僦宅于眉，為紗縠行，一日，二婢子熨帛，足陷於地，視之，深數尺，有大甕，覆以烏木板，先夫人即命以土塞之。甕中有物，如人咳聲，凡一年乃已，人以為此有宿藏物，欲出也。」

　　在蘇洵 28 歲的時候，蘇軾出生了。又過了一年，蘇轍出生了。

　　《宋史》記載，蘇軾 10 歲時，蘇洵「宦學四方。大夫人親授予書。」「太夫人嘗讀《東漢史》，至〈范滂傳〉，慨然太

息。」公（蘇軾）侍側，曰：「軾若為滂，夫人亦許之否乎？
太夫人曰：汝能為滂，吾顧不能為滂母耶？公亦奮厲有當世志。
太夫人喜曰：吾有子矣！」

　　母親是對孩子影響最大的老師，蘇洵長期讀書遊學在外，
程氏兼主內外，除了持家，還親自承擔起對蘇軾和蘇轍兩兄弟
的家庭教育。程氏不僅教蘇軾兄弟倆識字，也特別注重對兒子
的品德教育。今天我們從蘇軾和蘇轍的詩文以及回憶中，也可
以看出程氏的早期教育對蘇軾、蘇轍兩兄弟所產生的深遠影
響，比如蘇軾的性喜直言，就與程氏的言傳身教不無關係。

　　蘇東坡的散文〈記先夫人不殘鳥雀〉，其主旨雖是「言
政刺過」，但從另一個角度看，也與程夫人的影響有關係，蘇
軾少年時書房前「竹根雜花，叢生滿庭，眾鳥巢其上」。幾年
後，「皆巢於低枝，其可俯而窺也」。人鳥共處，環境優美怡
人。這種鳥語花香的氛圍，皆因蘇軾的母親程氏「惡殺生」，
所以「兒童婢僕，皆不得捕取鳥雀」，所以蘇軾的書房前才有
這般景致。而蘇轍，在記述他的母親時也說：「 生而志節不群，
好讀書，通古今，知其治亂得失之故。

　　蘇軾、蘇轍在母親的教育下，小小年紀就博通經史，「已
而，二子同登進士第，又同登賢良方正科。」然而，當他們兄
弟高中進士時，母親程氏卻於同年四月初八孤獨地離世。當時
蘇軾因剛中進士不在身邊，蘇洵也在京師，難免留下了遺憾。

第二章　成功男人是好女人塑造出來的

　　程氏，蘇洵的妻子，蘇軾和蘇轍的母親，蘇洵、蘇軾和蘇轍這三個成功男人背後的那個好女人，一位令人難忘的中國古代偉大女性。

　　女人，從少女到少婦，從天真少女的浪漫到成熟主婦的實際，這需要一個角色轉變過程，但這個過程並不容易，在這個過程中，女人要學會做一個「哲婦」，學會與男人相處，學會與男人交流，學會理解男人，學會體諒男人和關心男人，學會教育。

　　不僅如此，作為一個優秀的「哲婦」，還需要懂得男人，知道男人想什麼，要什麼，這樣才能「知己知彼，百戰不殆」。

　　作為一個優秀的「哲婦」，需要懂得愛男人。知道男人需要怎樣的愛，用什麼方式去愛，而不是一味地順從。作為一個優秀的「哲婦」，需要懂得說明男人。在男人的一生中，事業、家庭、追求具有同等重要的位置。成就男人，等於成就自己。

　　作為一個優秀的「哲婦」，需要懂得教育自己的孩子，成就自己的孩子。女人的容貌漂亮與否並不重要，最重要的是女人的內涵與美德。內涵和美德再加上外貌三者合為一體，才是美麗而聰明的女人。因為有內涵就有智慧，有智慧就懂得怎樣做女人，知道如何做女人，就懂得怎樣去愛、去欣賞自己的男人，如何教育自己的孩子，做好男人的賢內助。所以，聰明的女人要學會做個「哲婦」。

成功男人是好女人塑造出來的

　　一個成功男人離不開一個好的妻子，如果一個成功男人擁有了一位全心全意幫助自己的妻子，那這是他的幸運。因為更多的時候，一個成功的男人是好女人塑造出來的。

　　作為女人，無論妳是女兒的時候多麼嬌貴，妳現在已身為人妻，該懂得怎樣去體貼和關懷別人，而不是覺得自己該萬千寵愛集於一身。每一個孩子都是父母手心裡的寶，包括自己的丈夫，並非只有自己才嬌貴。既為夫妻，應互敬互愛，互相體貼，而非妻子就是公主，老公只是奴僕。即使老公是一個遙控機器人，恐怕也需要充電，也會磨損，怎能如此苛求同為血肉之軀的夫君，卻不檢視自己是否是一個合格的妻子呢？

　　有人說：「用妳喜歡丈夫對待你的方式去對待丈夫。」每個男人，都是需要別人理解、同情和尊敬的。推己及人，與丈夫相處應該多一些理解，給他以及時雨一樣的幫助，讓溫馨、祥和、慰藉來溝通心靈。比如，對窘迫的丈夫講一句解圍的話，對頹喪的丈夫講一句鼓勵的話，對迷途的丈夫講一句提醒的話，對自卑的丈夫講一句鼓勵的話，對苦痛的丈夫講一句安慰的話……這些非物質化的精神興奮劑，既不要花什麼金錢，也不要耗費多少精力，而對需要幫助的丈夫來說，又何只旱天的甘霖，雪中的炭火？

第二章　成功男人是好女人塑造出來的

　　人生在世，與丈夫相處，許多人常歎善解我者難求。那麼一個聰慧的女人，就要會學著去善解丈夫。

　　在男人的眼裡，善解人意的女人是在生活與事業的河流上幫助男人撐船的人。遇到這樣女人的男人，他們不會因為女人善解人意而得寸進尺，相反，他們會心存感激。因為善解人意的女人，點點滴滴都是情，這是最讓男人感動的地方，也是最能推動男人前進的動力。相反，一個不懂得善解人意的女人，她不僅不懂得和丈夫一起快樂，同時更不懂得分擔他的煩惱。時間一長，丈夫自然就會感到壓抑，夫妻之間的交流自然就會越來越少，最後關係冷漠。這從一定意義上來說，自然難以推動丈夫的成功，更難以讓丈夫擁有一個好的心情去工作。

　　也許你是一位出色的職業女性，也許你是一位賢慧的妻子。如果真的如此，那麼你一定能成為一個成功男人的塑造者，幫助他在事業上取得成功，幫助他在人際交往中受到大家的歡迎。

　　有時候，那些成功男人遇到問題時需要妻子為他出謀策畫，與他共度難關。那麼女性們該怎麼做呢？專家提出了以下三個方法：

＊ **努力使丈夫受人喜愛**：有一位女士，她的丈夫在社交上並不受人歡迎，只是因為這位女士口碑好，周圍的人才接受了她丈夫。這個男人傲慢自大，喜好爭辯，缺乏耐心。但

是，當這位女士把她丈夫不幸的童年生活說給人們聽以後，周圍人對她丈夫的厭惡感，才逐漸轉變成了同情心。

她丈夫是個孤兒，從這個親戚家被轉送到那個親戚家裡養育，沒有人要，也沒有人愛。知道這個原因以後，人們就理解她丈夫的行為了。雖然這位女士沒有辦法使她丈夫受人歡迎，但是她至少已經替丈夫的缺點創造出一種同情心的耐性。

* **努力使丈夫表現出他的才華**：有些女人以為，炫耀丈夫的方法，就是要炫耀自己。例如，如果可能的話，她們就想穿貂皮大衣來炫耀。聰明的女人應該知道使用其他更好的方法。

有一次，有個年輕的女士對朋友說，她想學會如何講好有趣的故事，用以加深她丈夫的朋友對他們的印象。朋友告訴她，如果讓她先生來講這些小故事，效果會更好。

使丈夫引起別人的興趣和注意力，最簡單的方法就是在自己家裡舉行宴會，安排丈夫表現他所擁有的任何特殊才華。劉先生是一位成功的小兒科醫師，同時也是一位天才的業餘魔術師。來到他家裡的賓客，常常受招待觀賞一場即興的魔術表演。劉先生是表演明星，而他的妻子小李就充當助手，有時候他們兩個小兒子也幫忙和助陣。這比起他們兩人同時表現出各自的優點，得到了更深更遠的美滿。

＊ **努力使丈夫表現出最大的優點**：在業務上受人器重的人，
到了社交場合就啞口無言了，這種事情是常會發生的。男
人沒有聊天的經驗，也不知道應該從何說起。一個機靈的
妻子就是這種男人最好的朋友了。她能夠很自然地引領自
己的丈夫參加談話，使丈夫毫無困難地接著說下去。這世
界上最害羞的人，如果談起了他最感興趣的事情，就不會
再畏縮了。

其實，做個合格和成功的妻子並不簡單。你要隨時讓丈夫
知道，你愛他，珍惜他，尊重他，讓自己與他並肩作戰，走在
快樂裡和痛苦中，分擔歡喜和眼淚。在他走過孤獨和痛苦之後
給他溫柔的關懷，但一定要懂得支持他。

做男人事業上的幕後諸葛

唐太宗大治天下，盛極一時，能夠成就歷史上有名的「貞
觀之治」，除了依靠他手下的一批謀臣武將之外，長孫皇后功
不可沒。

長孫皇后的哥哥長孫無忌，與唐太宗是布衣之交，又是佐
命元勳，官拜右僕射。唐太宗要任命其為宰相，應該算是合情
合理，不應該算是任人唯親，有裙帶關係。但長孫皇后一方面
阻止唐太宗任命，另一方面勸說哥哥主動向唐太宗請辭，同時

還告誡娘家兄弟子侄不要借她之名，希望遍布朝廷。在封建王朝能這樣處置親人，確實少見，也可說長孫皇后有明智之舉。

由於長孫皇后的所作所為端直有道，唐太宗也就對她十分器重，回到後宮，常與她談起一些軍國大事及賞罰細節。長孫皇后雖然是一個很有見地的女人，但她不願以自己特殊的身分干預國家大事，她有自己的一套處事原則，認為男女有別，應各司其職，因而她說：「牝雞司晨，終非正道，婦人預聞政事，亦為不祥。」唐太宗卻堅持要聽她的看法，長孫皇后拗不過，說出了自己經過深思熟慮而得出的見解：「居安思危，任賢納諫而已，其他妾就不了解了。」她提出的是原則，而不願用細枝末節的建議來束縛皇夫，她十分相信李世民手下那批謀臣賢士的能力。

李世民牢牢地記住了賢妻的居安思危與任賢納諫這兩句話。當時天下已基本太平，很多武將漸漸開始疏於練武之時，唐太宗就時常在公務之暇，召集武官們演習射技，名為消遣，實際上是督促武官勤練武藝，並以演習成績作為他們升遷及獎賞的重要參考依據。按歷朝朝規，一般是除了皇宮守衛及個別功臣外其他人員不許帶兵器上朝，以保證皇帝的安全，因此有人提醒唐太宗：「眾人張弓挾箭在陛下座側，萬一有誰圖謀不軌，傷害陛下，豈不是社稷之大難！」李世民卻說：「朕以赤心待人，何必懷疑自己左右的人。」他任人唯賢、用人不疑的

作風，深得手下文武諸臣的擁護，由此屬下人人自勵，不敢疏怠，就是在太平安定的時期也不放鬆警惕，國家長期兵精馬壯，絲毫不怕有外來的侵犯。

不僅如此，長孫皇后還知書達理、賢淑溫柔、正直善良。對於年老賦閑的太上皇李淵，她十分恭敬而細緻地侍奉，每日早晚必去請安，時時提醒太上皇身旁的宮女怎樣調節他的生活起居，像一個普通的兒媳那樣力盡孝道。對後宮的妃嬪，長孫皇后也非常寬容和順，她並不一心爭得專寵，反而常規勸李世民要公平地對待每一位嬪妃，正因如此，唐太宗的後宮很少出現爭風吃醋的事，這在歷代都是極少有的。長孫皇后憑著自己的端莊品性，潛移默化了整個後宮的氣氛，使唐太宗不受後宮是非的干擾，能專心致志料理軍國大事，難怪唐太宗對她十分敬服呢！雖然長孫皇后出身顯貴之家，又貴為皇后，但她卻一直遵奉著儉樸的生活方式，衣服用品都不講求豪奢華美，飲食宴慶也從不鋪張，因而也帶動了後宮之中的樸實風尚，恰好為唐太宗勵精圖治治國政策的施行做出了榜樣。

有人說：「女人是幕後工作者，男人是臺前工作者。」從這裡我們可以看出，男人的成功離不開女人的大力支持，男人的成功有女人的一半功勞。

的確，一個精明能幹的女人應該知道，丈夫是你甘苦與共的伴侶，更是你同舟共濟的夥伴，他的失意需要你來慰藉，他的慌張無措需要你來安撫，他的錯誤需要你來指正，他的心靈

需要你來體貼。而懂得這些的女人不僅不會削弱和破壞丈夫的事業，反而會樹立一個良好的榜樣，促使丈夫做出更出色的業績。她不僅在生活上給予男人關心和照顧，同時還充當男人事業上的夥伴和幫手，成為幕後的諸葛亮，為男人出謀策畫，指點迷津。

　　所以說，好女人是男人最好的助手和參謀。也正因為這樣，使得男人對有頭腦的女人提出的建議往往會很在意，有時甚至會比別的男人對他提出的建議更有效。在心愛的女人面前，男人的心總是很軟，枕邊風往往比決議更奏效。從女人在男人事業中所起的積極作用來看，女人的參謀作用的確不可輕視。

第二章　成功男人是好女人塑造出來的

第三章
給男人一個溫馨的家

如果說事業和家庭在某種意義上構成一個完整的男人，那麼，丈夫、孩子、事業同樣是一個完整女人的總和。無論改變傳統的呼聲多麼高漲，無論革除清規的行動多麼堅決，我們都不主張男人或女人只顧家庭不顧事業，或者只顧事業不顧家庭。作為成功男人背後的女人，一定要照顧好家庭，家庭的和諧美滿是事業成功的最有力保障。

最好在 30 歲前穩定婚姻

婚姻家庭是事業成功的重要支柱。事業是前方，婚姻就是後方，後方不穩，前方必亂。穩定的婚姻是 30 歲男人最大的精神支柱、動力來源和堅強後盾。一個人要想成功，最好在 30 歲以前穩定感情、婚姻，建立起穩固的後方根據地。

對於男人來講，不管是在身體方面還是在社交方面，結婚的男人都會比單身的男人更健康，更容易成功，犯罪的可能性也會相對減少。所以，婚姻對於男人的誘惑之一，就是它會提供一個舒適、有人關愛的地方。

20 歲的男孩，為了愛情可以刺青割腕，為了標榜前衛可以破衣爛衫，賭氣時可以四處去借宿去流浪，也可以念著某個女孩的名字醉臥街頭。

20 歲的男孩，可以不思考什麼樣的女人才是最適合自己的，他們大多會「跟著感覺走」，只要對方漂亮、身材好，看著賞心悅目，與朋友聚會時拿得出手，基本上自己的女友就是她了，至於女孩子的品性、修養卻很少考慮。

而對於 30 歲的男人，婚姻則不是這樣，他會把婚姻當做一種責任，一種挑戰，因為只有這樣才會使他覺得自己更像男人。所以，當他接受了婚姻的挑戰後，他也會希望獲得一些回報，使自己能更像一個大人，讓別人覺得自己更有力量支撐這個家。

就像談哲學能談出黑格爾、費爾巴哈，談宗教能聊到佛祖釋迦牟尼和耶穌基督。坐在一角的修鞋匠雖然是說到了興頭上，然而他一看手腕上的手錶，卻會頓然一驚，大叫著「該回家了」，不管你怎麼哀求他說這鞋明天要穿，他也不肯再為你多釘一個釘，只是說他老婆最近為他生了個兒子，他要回去照看他們。這就是男人的責任感，也是男人對家的一種執著的熱愛。

　　愛是婚姻的氧氣，無論男人還是女人，無論身體還是精神，都離不開它的滋養。而且，這種愛是主動的給予，既要愛女人，也要愛自己和家人，任何時候你都不能忽視這種對伴侶的愛。婚姻是兩個人合作的事業，不論兩個人承擔的股份是否平等，都應該站在平等的地位上互相包容、互相忍讓。

　　美國第三十四任總統艾森豪的妻子瑪米曾在《今日女性》雜誌上發表過〈如果我現在又當了新娘〉一文，她在文章中說：「如果我現在才結婚，我還是像以前那樣當個家庭主婦……家庭主婦是我的工作和樂趣。盡我所能，使艾森豪的家永遠保持穩定和安定，這是我感到最奇妙、最有價值、最繁忙而快樂的生活。」

　　古今中外，許多成功男人的背後，總是站著一位偉大的賢內助。她們為了丈夫的事業和家庭的幸福，甘當幕後英雄，一心操持家務、相夫教子，無怨無悔地奉獻著。

第三章　給男人一個溫馨的家

可以說，這種無怨無悔的奉獻精神，是男人事業有成的重要因素之一，也是世人對其敬重的根本原因所在。然而，在現實生活中，並不是所有人都能當好一個合格的賢內助，我們常常可以看到，有的女人成了男人的遙控器，死死地束縛男人的自由，在這種環境下的男人又怎麼能成就一番事業呢？

一般說來，男人在感情方面不外露，很少提及他們究竟喜歡婚姻中的什麼東西。他們說話，大多是要傳遞實用的資訊，比如說，禮拜幾他們要到哪裡打保齡球。其實，在男人內心深處，他們是很珍惜婚姻的，只不過不樂於、不善於表露罷了。

雖然表面上男人看待家庭沒有女人看的那麼重要，可是實際上，家卻是男人的安全堡壘。因為，那是他情感和經濟的重心所在。他會用盡力氣撐起一把大傘，把老婆孩子遮起來，自己卻承受著外面的風雨。每個成功男人的背後一定有一個賢慧的女人在支持著。女人的偉大不僅僅在於她們自身的偉大，還在於她是男人前進的動力。如一篇英文文章中說的一句話：「女人就要做得像女人，發揮女人的長處，站在男人背後，守著他的窩，拴著他的胃，牽著他的心。為他披上盔甲，看他騎上戰馬，再拋給他一朵花，一個吻，讓他勇敢出征，凱旋而歸！」

婚姻家庭是一個人事業成功的重要支柱。一個人要想成功，最好在 30 歲以前穩定感情、婚姻，建立起穩固的後方根據地。婚姻，對於男人，意味著一種責任、一種付出、一種無窮的前進動力！

家庭幸福，才是男人最大的成功

　　現代的都市女性，因為有更多接觸社會的機會，所以也就有了更多自我施展和表現的可能。數代女性積壓下來的潛能在一代人身上迸發出來，出現在男人眼中的女人真的已經成了「白骨精」——白領、骨幹、菁英，甚至在某一個圈子裡一呼百應。別人也已經漸漸習慣仰視她們，認為她們有足夠的能力照顧和支撐自己。

　　而女人自己，她們也因為別人覺得自己不同凡響，覺得自己獨立、堅強，所以開始掩飾自己的脆弱和恐慌……她們獨自撐起一片天空，成為眾人景仰的「大姐大」，被大家敬而遠之地羨慕或欣賞著。同時，也因為一貫優秀，又得到了公眾的認可和尊重，這些「大姐大」們心中便常常形成一個對自己的錯誤判斷：「只有成功，我才能被接受。」是的，正是因為有了這樣一種認知，她們才會不斷地要求自己，不斷地進取。然而，隨著年歲的增長，這種想法就會越來越演變為女人心靈的負擔，讓她們時刻生活在危機感中，成就越多，越惶恐不安。

　　作為男人，可能你對身邊的女強人經常敬而遠之，與她一起工作都有壓力，更何況要娶回家一起生活！如果你這樣想，其實你還是不夠了解女人。即便是女強人，在感情中大部分還是將自己當做一個普通女人，她們同樣具有溫柔、體貼的天性，她們對愛情的渴望也很簡單和樸素，她們對家庭幸福美滿

的渴望也很強烈，如果你能夠用平視的眼光來看待平時春風得意的女強人，那麼兩性的關係會更加和諧。

家，在某種意義上說或許真是人類的宿命，因為無論什麼樣的人都需要一個家，而很多人終生辛勤工作的目的也是為了讓家更好。家到底有怎樣的魔力，能讓人如此為之孜孜不倦地付出？我想，家的最大的魅力在於其包容性、溫暖性。無論外面的世界多麼動亂，家是一汪平靜的清泉；無論外面的世界多麼複雜，回到家可以在愛人眼中看到真實的自己；無論時世多麼艱難，回到家可以從孩子的依偎中，體驗到生命的珍貴……

其實，家也很簡單，它就是一個遮風避雨的屋頂，一頓熱氣騰騰的晚餐，一句溫暖而體貼的問候，而這些永遠都是無法用物質換來的，即便你坐擁數億財富。

家庭的財富與大腦

世間的萬物原本就是相輔相成的，沒有好女人，何來好男人，在好男人與好女人之間，我認為，更重要的是要有好女人。

好女人是男人的學校，是男人的教師，好女人可以培養好男人。好女人用欣賞的眼光關注男人、扶助男人、讚美男人、完善男人，這實則也是在不斷完善自己。身邊有一個善解人意的好女人，那麼，他也會很自然地成為一個好男人。好女人是一本書，你一生一世都不一定讀得完、讀得懂她，而且是不讀

則已，──讀就著迷，百看不厭、韻味深遠，每讀一遍都有不同的新感覺的好書。

曾為美國第一夫人的泰勒·詹森生前就是丈夫的得力助手。儘管泰勒·詹森夫人看起來有些怯弱，但日後卻證明了自己對詹森總統的強大影響力。

她與詹森在首次約會的兩個月後就結為連理，由於娘家比較富裕，她經常在經濟上資助詹森完成他的政治理想。1937年，她把部分私房錢拿出來，説明丈夫成功競選為國會議員；1942年，她又動用一筆從母親那繼承的財產，買下奧斯丁一家快倒閉的電臺。經過一番整頓，電臺變身為傳播公司，經營得有聲有色。

泰勒對政治有濃厚興趣，並在協助丈夫從政的道路上顯示出極高的天分。1955年，當時已成為資深參議員的詹森猝發心臟病，必須休養六個月。在他休養期間，泰勒代夫處理每天的事務。有報導說，如果詹森當時沒有康復，深受歡迎的泰勒很可能就此接手詹森的州參議員之職。

1960年，詹森競選總統，在敗給甘迺迪後，同意做甘迺迪的副手。當時，《紐約時報》專欄作家詹姆士·瑞斯丁說：「若沒有泰勒的幫助，詹森做不到副總統的位置。」甘迺迪遇刺身亡，詹森繼任，1964年以壓倒性姿態，贏得連任。在連任競選中，夫人泰勒立下了汗馬功勞。為替丈夫爭取選票，她曾在四天之內趕了47場演講。詹森總統生前形容妻子為「家庭的財富

與大腦」，如果沒有她的支持，他將無法達到當時的政治成就。

　　一個好男人透過一個好女人走向世界，一個男人的一百個好朋友，也沒有一個好女人好，一個男人的一百個好友也不能代替一個好女人。

　　好女人是一種教育，好女人身上散發著一種清麗的春風化雨般的妙不可言的氣息，她是好男人尋找自己，走向自己，然後豪邁地走向人生的百折不撓的力量，更是家庭的財富與大腦。

　　那麼，作為一個女人，如何做好家庭的財富與大腦呢？

　　第一，幫助男人，成就男人。好的女人一定是男人的好幫手，她不干預男人的興趣愛好，反而能夠盡最大的努力讓男人實現他心中的理想。

　　第二，素質女人知道如何提高自身素質，她們愛學習新知識新技術，懂得欣賞音樂和古典文學，有自己的一技之長，她們會不斷地完善自己，讓自己跟上時代的步伐。

　　第三，智慧。聰明的女人不一定智慧，但智慧的女人一定聰明。智慧是女人身上的黃金軟甲，它是頭腦、閱歷、勇氣和智慧的結合體，智慧的女人常常會使自己或者幫助自己的丈夫無往而不勝。但是智慧並不等於要心計，所以，智慧的女人不是工於心計的女人。

　　總之，夫妻之間就像一條河，此岸是你，彼岸是我，家庭是連接兩岸的橋樑。其實，女人要做好家庭的財富與大腦，讓

男人生活在這樣的環境裡,他一定會得到安全感,覺得可以靠著她溫暖地睡去,而不必擔心任何危險或者誹謗。可見,女人的地位是多麼重要。所以,夫妻之間,女人必須做好這個角色,使彼此吸引,在此基礎上,建立長久真誠的感情,這絕對可以讓你的家庭更加幸福,更能讓人們支持他,使他贏得社會的認可,取得大展宏圖的有利保證。

娶妻當娶「槓桿女」

什麼是「槓桿女」?「槓桿女」──「旺夫益子」的女人。就是指可以利用一個支點,把平凡的物件「撬」起來,既能成就對方,又成就了自己的女人。她們不僅是傳統的賢內助,更能夠在事業或其他方面助丈夫一臂之力。她們是具備獨立、高修養的女人,有追求但不會異想天開,堅忍內斂而不張狂;懂得嫻雅適度的社交規則,能夠把家庭與朋友的關係處理得遊刃有餘,處處讓人舒服。因此,作為一個成功男人,在選擇妻子的時候就應該選擇「槓桿女」這種類型的女人。

1995 年,在大多數中國人還不知道 Internet 為何物時,馬雲丟掉高中老師的鐵飯碗投身網路。由相識、相知到相愛,多年來相濡以沫的妻子張瑛沒說任何反對的話,而是陪著丈夫東拼西湊拿出約新臺幣 50 萬元。

在只有一間屋子的辦公室裡，兩人「一塊錢一塊錢數著花」，一起創辦了中國網路歷史上第一個 B2B 網頁。

張瑛是馬雲教書時的同事，最後成了他的人生伴侶加事業夥伴。馬雲曾動情地說，創業的前幾年，「張瑛幾乎沒有自己的生活，沒有朋友，天天都在公司」。

後來，張瑛自己退出阿里巴巴管理層。「她認為公司到這個時候，讓別人看見阿里巴巴 CEO 的夫人在公司裡，不管你做得怎樣，別人看你的眼光都會不一樣。」據說董事會一開始不同意這個決定，張瑛和馬雲說服了他們。在公司員工大會上宣布這個決定時，底下很多人都哭了。

「她不是那種真正的默默無聞型的女人。」馬雲很認真地強調，「她自己的事業也發展得很好，她是事業和生活雙全的女人。」言語中有掩飾不住的得意，「她對我的幫助是全方位的，無論事業上還是生活上，都全力理解，非常支持。」

可見，槓桿女在一個男人的事業中發揮著多麼巨大的作用。因此，成功男人就應該娶一個槓桿女作為自己的妻子。這樣的女人既能自愛，又能在事業上給予自己幫助，同時在想法等方面也會給予自己諸多的幫助。

這樣說的原因其實很簡單，因為「槓桿女」比別的女人具備以下四大優勢：

* **自身的魅力讓男人無法拒絕**：槓桿女的魅力有內有外，重點是內在的美。開朗樂觀的個性，聰明不狡猾的頭腦，獨立不孤僻的生活方式，這些都是吸引男人注意的優勢。

* **成就男人的成功，給予男人自信**：槓桿女為男人創造機遇，贏得成功的果實，這大大增加了男人的自信。尤其是她們的男人都是從平凡中來，在與她們的相處中逐步地提高，直到獲得完滿的結局。

* **獨立的生活能力不致自己被拋棄**：槓桿女將男人捧起，卻也保持住了自己的地位，這樣男人就不會因為地位的懸殊而看不起她們，更不會將她們拋棄。

* **樂觀的心態讓她們左右逢源**：槓桿女具有樂觀的心態，生活不好時，她們不會自怨自艾；生活富足時，她們也不會驕傲自滿。

總之，一個人的成功一定有方法，一個人的失敗也一定有原因，每一個成功的男人背後一定有一個成功的女人，每一個失敗的男人背後也一定有一個失敗的女人。男人喜歡做夢，男人是做夢的專家、做夢的高手，女人要支持男人做夢，女人是推動男人將夢想實現的動力。但一個成功男人背後更需要一個槓桿女，在男人成功的過程中為他起到推波助瀾的作用。

做最優秀的老闆夫人

　　成功男人背後的女人，不僅老婆是一個很重要的元素，女下屬也是一個很重要的元素，老闆的成功離不開女下屬的傾力協助。但有很多做妻子的，明明是很大度的人，可在對待自己的老公與女祕書的關係時，常常又顯得很小氣，或者說很不自信，很多時候，甚至還會做出不太理智的事情。比如，對老公的言行持懷疑態度，和老公胡攪蠻纏，影響老公的正常工作。也有很多女人把老公的女祕書看成是自己最大的競爭對手，對她們充滿敵意。

　　其實應該說，這些做法都是極其愚蠢的，作為妻子的妳無論怎樣與女祕書針鋒相對，男人的身邊都缺少不了這樣的一個女性角色。而妳這樣做，不僅會破壞了丈夫的事業、前程，而且還有可能把丈夫推到別人的懷抱中去，因為再能忍耐的男人都受不了別人的無端懷疑，無理取鬧。

　　一個成功男人，除了妻子以外，女祕書大概是他最長時間共處的女性了。如果說，女孩子最親密、最要好的朋友是自己的母親的話，那麼男人在工作中最親近的朋友，可能就是他的女祕書了。

　　一個好的祕書，有許多你想不到的工作要做：要努力提高她的老闆在外人心中的形象，要留意老闆的工作順利不順利，

要注意老闆的意念，提醒他行程到了，該出發訪問客戶了，並注意老闆的儀容，還要隨時注意他的情緒，消除他所受到的打擊。女祕書的工作範圍，可能包括從削鉛筆到接見訪客，甚至是照顧他們的小孩。毫無疑問，一個好祕書的確是男人事業成功的重要助手。

有一位社會學家曾說過這樣一段話：「如果沒有女祕書周到的服務，美國商業巨輪就不會旋轉得這麼平穩了。」為什麼？那是因為好的祕書的每一天、每一刻都在努力維護她上司的一切。她除了協助上司使各項工作順利進行以外，還要做上司交代的似乎永遠也做不完的雜事。她要特別關注上司的舉動，明察秋毫，解除上司因工作不順而產生的各種極端的情緒。從訂機票到接待客人，從顧全上司愛好到在應酬時替他喝酒，真是所向無敵。可以說，一個好祕書就是男人成功的重要支點！大多時候一個做妻子的是難以做到的。

所以，當妳的丈夫已經準備或者已經僱請女祕書時，作為妻子的你應該做好以下幾點：

第一，不要胡亂猜疑。

一些心胸狹窄的妻子常做出令人驚訝的事：丈夫晚歸了，回來後就追問不休，是否單獨與女祕書在一起？是否與女祕書一起逛不夜城？其實，丈夫正與他的同事為一個新的計畫絞盡腦汁。這些妻子總認為自己的丈夫很有吸引力，女祕書肯定會

把他當做追求的目標。其實女祕書對老闆的欣賞，或老闆對女祕書的欣賞，一般不會動真情。既然你真誠地愛妳的丈夫，就應該完全相信他。一天到晚多疑善妒，只會將妳的丈夫推向感情破裂的邊緣。

第二，對丈夫的女祕書要予以關照。

曾眼見一位經理太太推門直闖丈夫的辦公室，讓正在忙碌的女祕書措手不及。儘管這位太太以門虛掩著做藉口，但她丈夫的臉色還是在第一時間陰沉了下來。其實一個妻子如果總是覺得自己是家屬，而女祕書是雇員，你比她高一等，以這樣居高臨下的態度對待丈夫的女祕書，不僅會給祕書缺乏教養的印象，還會遭到丈夫的不滿。

所以，成熟的女性會用細膩的感情去體貼丈夫，並對他的異性友人予以一種無形的關照。要知道這不僅是一種責任，也是奠定夫妻之愛的基礎。要知道她是你丈夫聘來的值得高度信賴的同事，她與妳一樣都是在幫助一個男人走向成功。如果妳常以居高臨下之勢對待女祕書，這樣既顯得你相當沒有修養和風度，而且你丈夫因此會看不起你。

第三，不要嫉妒女祕書漂亮。

女祕書漂亮、迷人，再加上得體入時的衣著，會更加光彩照人。這是她職業的需要，並不是刻意為老闆一人所準備的。在跟丈夫的祕書接觸時，最重要的是要大度。恰如其分地矜

持、恰到好處地表示謝意、適當的小禮物……都可以在祕書那裡贏得尊重，這也是做太太的一門學問。

第四，不可傲慢、刻薄、奚落女祕書。

在當今社會，雖然那種「我是老闆娘，你是員工」的觀念已經有所改變，但不可否認，仍有一些女性故意在丈夫的女祕書面前表現出傲慢、刻薄的姿態，以此顯示自己高高在上的地位。而這既是一種極其不禮貌的做法，同時也是一種不明智的做法。做老闆的太太，應該修飾自己的態度，並且設身處地地為女祕書著想，以好的風度和態度去對待丈夫的女祕書。

如果你想成為一位優秀的老闆夫人，那麼不妨謹記以上這幾點，既有利於得到丈夫祕書以及下屬的敬重，同時也有利於獲得丈夫的尊重，贏得丈夫的愛。

另外，在生活上也要注意以下幾個方面：

1. 不要拒絕陪他參加應酬或公司活動，這是證明你們感情甚篤，讓覬覦你家優質男人的女人們知難而退的好機會。打扮優雅，夫唱婦隨，表現個人魅力是妳的全部職責。記住，妳要扮演的是人人羨慕的幸福女人。

2. 在他心情不錯又有空閒的時候，談談戀愛時的趣事，回憶過去的美好時光。「我再也不會遇到比你更適合我的人了。」人很受用這樣的誇讚，並且會感念過去的美好，堅定不移地與你一條路走到老。千萬不要拿當時的他與現在的他做

對比，以說明現在的他不再愛你或不把你放在心上，男人會認為你幼稚愚蠢。

3. 有一顆自律的心，哪怕他總說妳胖了也好看或胖一點無所謂這種善意的謊言。不要總拿自己跟 20 歲的小女生比，女人要正視自己的年齡，自信於每個年齡都有自己的美，優雅地變老。

4. 與他的家人朋友打好關係，你們婚姻的安全係數會大大增加。不要總覺得為他家人付出很吃虧，其實妳是在做一筆划算的買賣。一個能夠與他的朋友家人相處甚歡的女人，在丈夫眼裡絕對魅力無窮。退一步講，與妳鬧翻就意味著眾叛親離，男人可不會冒這樣的險。

第四章

操縱男人，贏得世界

從某種角度來說，任何男人都需要女人的「操縱」，因為他一邁出家門，就要在外面的世界中艱苦打拚。對男人來說，生活就是一場戰爭，任何人都不可能置身戰場之外。面對現實，女人需要懂一點心理操縱術，運用一點心計，征服男人，贏得世界。

智慧是女人成功的法寶

　　彎彎的眉毛、大大的眼睛、誘人的嘴唇、飄逸的長髮、傲人的身材、白淨的皮膚、玲瓏的細腰……女人的這些，都是男人們最先注目的焦點。所有的愛情故事也都是從這些開始發展起來的，然而這些就能使女人生活幸福嗎？男人留戀女人身體所表現出來的熱情、浪漫或許讓女人誤會唯有美麗的面貌、玲瓏有致的身材才是吸引男人目光停駐的條件，當然女為悅己者容也是很重要的動力。女人希望自己的身體能獲得男人的青睞是毋庸置疑的，這也無可厚非，讓自己高興也讓男人賞心悅目，何樂而不為呢？只是世間各種各樣的美女太多了，男人的眼光不可能只停留在一個人的身上，就像讓昆蟲只向一朵美麗的花朵採花蜜一樣，這是不現實的。所以，一個女人的外在的軀殼是留不住男人的，即使再美也是不可能的。更何況，歲月一去不復返，歲月留不住青春貌美！但有一種東西卻是女人成功的法寶，那就是智慧。智慧的女人最美、最容易成功。

　　中國歷史上唯一的女皇帝武則天，一個弱女子在當時那種社會環境中竟能登上最高的權力寶座，堪稱奇蹟。這和她無與倫比的智謀及高超的做人藝術是分不開的。

　　在武則天當大周皇帝時，狄仁傑和婁師德同時擔任宰相，但狄仁傑總是想方設法排擠婁師德，兩人面和心不合。自己倚

重的兩個大臣不和，這極可能危害到社稷安全，武則天心裡雖然擔憂，但她不動聲色，暗覓調解兩人關係的良機。

有一天，武則天召見狄仁傑，在議完朝事之後突然問他：「我信任並提拔你，你可知道其中原因？」

狄仁傑答道：「我憑文才和品德受朝廷重用，不是平庸之輩，更不靠別人來成就自己的事業。」

武則天沉思一會兒，對狄仁傑說道：「其實，我原來並不了解你的情況，你之所以有今天，之所以會得到朝廷的厚遇，全靠婁師德的推薦。」

隨後，武則天命令侍衛取出一個竹箱，找出約十件關於婁師德推薦狄仁傑的奏本，拿給狄仁傑看。狄仁傑仔細看完奏本，不由得滿臉慚愧。多年來，自己一直想方設法排斥婁師德，甚至想把他趕出京城，沒想到他卻一直在皇上面前舉薦自己。

想到這裡，狄仁傑連忙跪倒在地，惶恐地向武則天承認自己有罪。武則天並沒有責備他，而是原諒了他。此後，狄仁傑拋棄了對婁師德的成見，二人共同輔佐武則天，將朝政治理得井然有序。武則天不動聲色，只輕描淡寫的一招便化解了狄仁傑與婁師德的恩怨，足見她駕馭臣子的高超智謀和做人藝術。

武則天的智慧還體現在她善於利用柔弱的女性氣質去打敗男性。據說她14歲入宮的時候曾是唐太宗的宮女，當時武則天

正值豆蔻年華，柔情纏綿，很會討皇上喜歡：初幸之日，唐太宗便為之傾倒。此後，幾乎夜夜召她侍寢。唐太宗深愛她的嬌小稚嫩，特別喜歡她那種為一般妃嬪所不具備的特有的嫵媚，愛憐地稱她「媚娘」。但唐太宗後來卻相信術士李淳風的話，認為武則天身上有妖氣，將來要奪取大唐帝國的統治地位，因此，唐太宗一時怒起，要將武則天殺掉。後又覺得不妥，便逼武則天削髮為尼，出家做了尼姑。

武則天當然不肯就此了結一生。她必須想辦法重新回到宮中，去過人的生活。況且她還有更高遠的目標去實現。在太宗那裡已經沒有辦法，她便把主意打在太子李治身上。

其實，未出家之前，武則天在宮中就已與太子李治眉來眼去，只是李治礙於她是父皇的寵妃，不得親近。

武則天出家的庵名叫感業寺。這裡，與歡宴無歇的宮廷判若雲泥。每當她走進禪房，她的心中便升起難言的悲涼。從閨秀到皇妃，由得意到丘尼，她經歷了人生的大起大落。此時的她雖然還年紀很輕，但曲折的人生經歷，已讓她早早地變得成熟，她苦苦地思索著自己的過去、現在和未來，她終於找到了拯救自我的根本。她想，嫵媚、柔順、嬌豔，不正是自己爭寵的武器嗎？

世間萬物大不過一個情字，它能使金石流淚，也能使鐵樹開花。她要用情字為武器，充分發揮女人的優勢，以達到儘快

回到宮中的目的。在太宗逝世兩年的祭日，李治來到感業寺。進香完畢，當武則天奉召來到李治面前的時候，李治不禁大吃一驚。他看到武則天雖然娉娉婷婷，姿色不減當年，只是眉宇間隱藏著無限惆悵。她行禮過後，半晌無言，默默流淚。李治心軟，往昔的舊情、今日的重逢，使他對眼前人的憐愛頓增。他親手為武則天拭去臉上的淚水，安慰說：「朕未嘗一日忘情，只因喪報未滿，不便傳召。今日到此，便是為了重續舊情。」

武則天在溫柔的外表下有著一顆冷靜的心。她並沒有馬上乞求皇上傳召，而是情深意篤地向李治述說了別後的情懷，傾訴了她的思念、痛苦和愁悶。柔情似水，蜜意纏綿，把女性的溫柔、嫵媚表達得淋漓盡致。李治早已柔腸寸斷不能自拔，他向武則天表示一定爭取盡速降旨，召她回宮。

皇上起駕的時間到了，可他卻戀戀不捨，武則天的嫵媚、柔順讓他心醉神迷，尤其那多情的眼神、燙心的眼淚，更讓李治盪氣迴腸，不能自已。

一個白雪皚皚的冬日，皇帝親自派人將武則天接回宮中。行前，武則天一年多來第一次認真地坐在妝臺前梳理。望著銅鏡中仍具魅力的面容和神奇又長出來的滿頭烏絲，她露出了得意的笑容。

宋代大詩人蘇軾曾說：「夫君子所取者遠，則必有所待；所就者大，則必有所忍。」武則天的復出，是她向更高集權邁出

的關鍵的一步。作為一個既無背景又無權勢，在一個男權世界裡的女人，她的本錢僅僅只有柔情，只有把自己的優勢表達出來，才有出頭之日。

女人之溫柔，是柔中有剛、柔韌有度，所以才柔媚可人。柔情似水，是女性誘人的魅力，是一種征服他人的巨大力量。

會撒嬌的女人有福氣

撒嬌是女人的專利。幾乎沒有一個男人不喜歡撒嬌的女人，幾乎沒有一個會撒嬌的女人在男人面前不受寵。撒嬌的女人，是因為知道自己的性別優勢。會撒嬌的女人，能讓人看到她的風情萬種；會撒嬌的女人，妳的丈夫會更喜歡你。

兩個人共同生活在一起，難免產生摩擦，尤其是遇到困難時男人會脾氣暴躁，怒火一觸即發。這時候千萬不要火上澆油，而是要溫言軟語，先讓他熄火。事實證明，在跟男人的衝突中，聰明的女人都能明白柔能克剛的道理，只有愚蠢的女人才會選擇針鋒相對。一個喜怒無常，經常像鬥牛士一樣怒髮衝冠的女人是令人恐懼的。

馬大娘自從老伴去世後，含辛茹苦地拉拔兩個兒子 —— 馬鋼和馬鐵。眼看著馬氏兄弟都長成了成熟穩重的青年，馬大娘打從心底感到高興。

去年春天，大兒子馬鋼娶了老婆，二兒子馬鐵也交了女朋友，馬大娘心裡高興了，苦日子終於熬到了頭，這下該安度晚年啦。誰知，兒子卻沒有讓老人家安享晚年。馬鋼結婚時間不長，新房裡便時常發生一些戰事。馬鋼從小就性如烈火，誰知他的妻子也如此，本來一件小事，丈夫不冷靜，妻子也不忍讓，兩人針鋒相對，每次都是越吵越凶，到最後總釀成一場惡戰。馬鋼夫婦戰事不斷，感情漸傷，雙方都覺得再也難以過下去，只好辦了離婚，各奔前程了。

　　轉眼又是一年，馬鐵也熱熱鬧鬧地把老婆娶回了家，馬大娘卻又開始擔心了。當媽的最了解兒子，馬鐵的脾氣可不比他哥哥溫順多少，也是動不動就吹鬍子瞪眼，再生氣就會動手動腳。馬大娘密切注意著這對新婚燕爾的年輕夫妻，隨時準備著去排解戰爭。

　　這一天終於來了。不知為什麼，馬鐵扯著嗓子對妻子大喊大叫。馬大娘聞聽警報，立即闖進了小倆口的房間。馬大娘看到，馬鐵黑著臉，拳頭已高高舉起。「臭小子，你 ── 」馬大娘話還沒說完，卻見二兒媳一不躲，二不閃，衝著丈夫柔情蜜意地一笑，嬌滴滴地說：「要打，你就打吧。打是親，罵是愛嘛，可就別打得太重了。」這下可好，馬鐵不但收回了高舉的拳頭，連黑著的臉也被逗了樂了。可能發生的一場風波頓時平息了，馬大娘被兒媳那股撒嬌樣逗得差點笑翻了。

日子一天天過去，馬大娘發現二兒子發脾氣舉拳頭的時候幾乎不見了。後來，二兒子對她說：「媽，我算服了她了。還是她厲害，有涵養。」馬大娘也由衷佩服這個懂得「撒嬌藝術」的兒媳婦了。

會不會撒嬌，是女人受男人疼愛的關鍵。撒嬌就像咖啡裡的糖，太少，感情生活就太苦；太多，喝起來就會令人反胃。因此，撒嬌應該是發自內心的，自然而然的，不矯飾，不做作，像一道甘美的清泉，潺潺地流過受用人的心中；像一陣風，柔柔地、甜甜地拂過被撒嬌人的臉。

撒嬌不同於任性。女人撒嬌是因為有人寵愛著，但被別人寵愛的時間久了就會養成任性、驕縱的個性，認為別人就應該對自己好，也從來不顧及別人的感受。覺得只要自己高興了就行，有時即使自己錯了，也要振振有詞地理論一番。這樣一兩次或許對方會因為愛你而不計較，可男人也是要面子的。雖然女人任性的出發點是想引起對方的注意，渴望得到對方更多的呵護和寵愛，但是會撒嬌的女人絕不應該這樣做，因為這樣做只會讓對方離你越來越遠。

撒嬌也要有個限度。每一個女人都曾經被男人當成寶貝寵著，只是有的女人不懂得男人的累，她們認為男人天生就要包容女人。如果說男人一個不小心忽略了自己，她就會開始無事生非，而且會在撒嬌鬧小脾氣之餘撒野、撒潑。這樣的女人變

得越來越不可愛，也不會有男人用耐心來哄這樣的女人。其實，當兩個人從戀愛走進婚姻，男人都希望女人能夠變得懂事起來。當女人撒野的時候，男人不知道那是因為女人想讓他去哄，只會認為女人不夠溫柔、不夠體貼。而面對一個整天只會發脾氣的女人，男人只會有一個想法，那就是逃離。

同時，撒嬌也要分場合。不是隨時隨地都可以對自己的男人撒嬌，如果想讓自己的生活更加幸福，就一定要摸清情況，看對場合。

另外，撒嬌也要看對象。男人若不愛女人，在男人眼裡，女人的撒嬌只能是滑稽可笑的，甚至是裝模作樣的表演。這時，女人的撒嬌非但不會增進彼此之間的感情，反而會讓男人覺得厭惡乃至噁心。所以，女人千萬要記住：撒嬌是要看對象的。不是所有的男人都喜歡看你撒嬌，在不愛你的男人面前撒嬌，實際上是在讓自己出醜。

那麼，聰明的你就做一個能撒嬌且會撒嬌的女人吧，這樣你就會更有女人味，也會是個幸福的女人，最重要的是會撒嬌的女人有人疼。

似水柔情，攻克男人心

　　女性的似水柔情對男性來說，是一種迷人的美，也是一種可以被其征服的力量。

　　女性特有的溫柔是一個女人的最大魅力。溫柔不僅是和風細雨、風卷雲舒的陰柔之美，還是一種不容忽視的力量，是女人征服困難的有力武器，溫柔的魅力總能更容易獲得成功。這種氣質往往是你立身處世的最鋒利的武器，這是只屬於女人的隱蔽的強大力量。柔弱是女性所獨有的特點，也是女性的寶貴財富。如果一個女人希望自己更嫵媚、更完善、更有魅力，就應該保持和挖掘自己身上所具有的柔弱的稟賦。

　　溫柔，是一種智慧，是一種境界，是女性獨具的氣質，是女性似水柔情的展現。女人不是因美麗而可愛，而是因溫柔才可愛。作為女人，你可以不漂亮，可以不年輕，但必須要擁有如水的溫柔。因為溫柔能使你魅力四射，溫柔能使你擁有成功的事業，更重要的是，溫柔可以讓你享受到人生所有的幸福，更成為愛人一生的女神；作為女人，你盡可以瀟灑、聰慧、幹練、足智多謀、大方得體，但有一點不能少，你必須溫柔。

　　陰柔之美是女性美的最基本特徵，其核心是溫柔，溫柔像春風細雨，像嬌鶯啼柳，像舒卷的雲，像皎潔的月，更像蕩漾的水。女性之美，美就美在柔情似水。

用一個水字來形容女性的柔美，真是一語道破了其中妙韻。《紅樓夢》中的賈寶玉說過：「女兒是水做的骨肉。」他把大觀園裡的姊妹丫鬟們，都看得像清澈的水一樣照人心目，一個個都顯得高尚純潔、溫柔嬌嫩。在他的面前，這些女兒展現了一個猶如水晶一般明淨的世界。女作家梅苑在〈美人如水〉一文中說，女人有點似水柔情，才有女人味，真是高論妙極。

　　可見，女性的誘人之處，正在於有似水的柔情，正在於溫柔。世上絕少會有哪個男人喜歡女人的蠻、野、悍、潑、粗、俗。女性的似水柔情，對男性來說，是一種迷人的美。一位詩人說：「女性向男性進攻，『溫柔』常常是最有效的常規武器。」女人的溫柔應表現在：善解人意、寬容忍讓、謙和恭敬、溫文爾雅。不僅有纖細、溫順、含蓄等方面的表現，也有纏綿、深沉、純情、熱烈等方面的流露。有的女人無限溫存，像母鹿一般溫柔；有的女人像一道潺潺的溪水，通體內外都充滿著柔情……總之，女人的柔情各式各樣，都像絢爛的鮮花，沁人心脾、醉人心肺，只要多一點點溫柔，生活中處處可以找到愛情的驚喜。

　　一位具有優雅風度的女人，必然富於持久的迷人的魅力。聰明而有心計的女性不是不要鏡子，而是能夠從鏡子裡走出來，不為世俗偏見所束縛，不盲目描摹別人的所謂風度之美。

　　女人優雅的風度像有形而又無形的精靈，會緊緊攫住男人們的感官，悄悄潛入他們的心靈。具有某種魅力的女性不一定

具有風度的魅力，風度是一個人的文化修養、審美觀念和精神世界凝成的晶體，所以它折射的光輝也最富於理性，最富於感染性。一個女人可以有華服裝扮的魅力，可以有姿容美麗的魅力，也可以有儀態萬方的魅力，但卻不一定有優雅的風度。但是，一位具有優雅風度的女人，必然富於迷人的持久的魅力。

有心計的女人知道風度神韻之美靠的是「充內」──樸質的心靈、「形外」──真摯的表現。前者形諸風度之美，使人舉止大方，後者形諸風度之美，使人坦誠率直，不是做造作。

「樸質」是一種自我認識、自我評價的客觀態度，樸質的女性，總是善於恰如其分地選擇表達自身風情韻致的外化形態，使人產生可信的感受；她們就是她們自己，她們不試圖借助他人的影子來炫耀自己、美化自己。所以，她們的風度之美，往往具有一種樸質之美。

「真摯」是一種誠實、真實、踏實的生活態度。她們對人對事不虛偽、不狡詐，有誠信。真摯的女性，對自己的風度之美既不掩飾也不虛飾，對她人美的風度既不嫉妒也不貶斥，而是泰然處之，使人感受到一種真正的瀟灑之美。

溫柔，來自女人個性的修養。有心計的女人懂得在自己的日常生活中，增加涵養，培養女性的柔情。為此，女人特別要忌怒、忌狂，講究語言美，把那些影響柔情發揮的不良性情徹底克服掉，讓溫柔的鮮花為女人的魅力而怒放。但女人的溫

柔，不是柔弱、柔軟、柔順，不是喪失了自己獨立的人格和獨立的個性，這絕非女人之美德，而是一種恥辱。女人之溫柔，是柔中有剛、柔韌有度，所以才柔媚可人。柔情似水，是女性誘人的魅力，是一種征服他人的巨大力量。

倚仗丈夫成就世界第一女總統

人們習慣說，一個成功男人背後總有一個全身心支持他、摯愛著他的女人。那麼，為什麼給予丈夫以全力支持的女人，就不可能同樣也是一個成功者呢？其實，現實中就有一位。

一個是年近花甲的白髮老翁，一個是芳齡25的美貌少女；一個是深謀遠慮的政治家，一個是聲名鵲起的舞蹈家。兩人居然喜結姻緣，正所謂郎權女貌。憑著丈夫的扶持和聲望，她成為世界上第一位女總統，登上了權力的頂峰。

這個女人就是既才貌雙全又工於心計的伊莎貝爾。1956年年初，伊莎貝爾隨阿根廷「塞凡提斯國家芭蕾舞劇團」到中美洲各國巡迴演出時，她跳的「韓德爾舞」贏得了觀眾的滿堂喝彩。她的美貌和舞姿，猶如天仙般光彩照人。當時在巴拿馬城「快樂的大地」，人們被她的翩翩舞姿弄得神魂顛倒。

這天，伊莎貝爾剛停下舞步，一位年近花甲、頭髮蒼白的老人就來見她。舞蹈家一見來人，頗感驚愕。原來來人是幾個

月前剛下臺的阿根廷前國家元首胡安·裴隆。一個飽經風霜、風雲政壇十餘年的著名老政治家屈尊來到夜總會看望一個正值青春妙齡、天真爛漫的普通舞蹈家，這使伊莎貝爾不免有些受寵若驚、誠惶誠恐。同在異國為異客，兩人相見分外親切。說也奇怪，初次相見，彼此都有一種神奇的魅力吸引著對方，其中的奧祕他們本人也難以言傳，只是隱約地感覺到，這樣兩個素不相識、年齡懸殊、境況迥異的人能走到一起，真是有點鬼使神差。而他們的相會與結合，起因於女孩與人交談時脫口而出的一句話。

原來，幾天前伊莎貝爾在夜總會結識了一位巴拿馬政界名人，從他那裡得悉剛下臺的阿根廷前總統胡安·裴隆正流亡在巴拿馬城。伊莎貝爾聽後脫口說：「能不能見見他？」誰知道這話竟很快傳到裴隆耳朵裡。一個下臺失意的總統在異國他鄉受到一個正在升起的年輕舞蹈新星的懷念，這怎不令裴隆感到溫暖。裴隆當即破格親臨夜總會看望這位來自阿根廷的舞蹈家。其實伊莎貝爾對裴隆可能一半是出自崇敬，一半是好奇，因為裴隆畢竟是一個當了十多年副總統、總統，在阿根廷家喻戶曉的大人物啊。

1958 年伊莎貝爾跟隨裴隆從巴拿馬到尼加拉瓜，後又輾轉委內瑞拉和多明尼加共和國。1960 年 1 月，他們移居遠離南美的西班牙。次年這一對在患難中結成的伴侶在馬德里正式結

婚。裴隆後來回憶說：「在流亡間，我最大的收穫是得到了伊莎貝爾的愛情，她燃燒起我死滅的愛情之火，在奔波的旅途中，她送給了我許多無法用語言來表達的濃厚的愛。」

婚後的裴隆雖然身在異國他鄉，但東山再起的雄心從未泯滅過。1965 年 10 月，伊莎貝爾帶著丈夫的詳細指示返回阿根廷，活動了 8 個月。當時的政府因拿不出什麼政績，所以群眾都在懷念裴隆，特別是裴隆的支持者更是四處奔跑，積蓄力量，為裴隆復出做準備。伊莎貝爾使出她的全部才能，為這些人出謀策畫，使裴隆派的力量不斷擴大。

1970 年伊莎貝爾再次銜命回國，著手組織自己的力量，直接準備讓前總統復出。在她出色的政治活動中，人們仿佛看到了復活的伊娃（伊娃是裴隆的前夫人，也是裴隆的精明能幹的助手，她曾救過裴隆的命，有過一段傳奇色彩的經歷，後死於癌症）。經過長達 7 年的努力，裴隆終於時來運轉。1973 年 3 月 11 日，阿根廷舉行了大選。裴隆派成員埃克托爾·坎波拉當選為總統。5 月 25 日，坎波拉政府宣誓就職。6 月 20 日以坎波拉為首的一大批官員專程赴馬德里迎接裴隆夫婦回國。

為了讓裴隆通過憲法程序（真正地和正式地行使他的無可爭辯的領導權），坎波拉總統和索拉諾·利馬副總統一起主動讓位向議會提出辭職，議會接受了辭呈，決定重新選舉總統和副總統。

第四章　操縱男人，贏得世界

　　無疑地，裴隆一定會當選為總統，對於誰將擔任副總統，開始人們議論紛紛，但不久人們就明白了裴隆的意圖。他想讓伊莎貝爾也成為伊娃那樣的女政治家。這樣，在 8 月 4 日召開的裴隆派正義黨全國代表大會上，裴隆夫婦被推選為正副總統候選人。裴隆是黨主席，但因健康原因沒有與會。於是正義黨第一副主席伊莎貝爾正式接受大會提名，表示將不辜負代表們的期望。

　　然而，伊莎貝爾不論是資歷和能力，還是聲望和影響，皆不足夠令人信服。在阿根廷國內甚至正義黨黨內，都有不少人反對她成為國家第二號人物。他們認為伊莎貝爾文化修養低、出身卑微、缺乏政治經驗，有些人甚至放風造輿論，說伊莎貝爾不想當副總統候選人。在這種情形下，伊莎貝爾的世故型個性充分展現出來，她首先是親自出面闢謠，她表示絕不屈服於流言和舊勢力，然後強調婦女參與政治是「革命行動」，她將堅決地去做黨代會要求她做的事情。隨後，她充分利用社交手腕，奔赴各省，硬著頭皮到一些抵制她的地方去開展競選活動。實際上，在裴隆的庇蔭下，這位夫人已不用操心與其他政黨的候選人苦鬥了。

　　9 月 23 日大選揭曉，正如人所料：裴隆夫婦以 62% 壓倒多數票當選為阿根廷正副總統。裴隆第三次任總統，伊莎貝爾成為第一夫人，同時成為阿根廷歷史上和拉丁美洲歷史上第一個女副總統，開始了她的執政生涯。她以前所做的一切終於得到了回報。

10 月 12 日，裴隆夫婦正式就任總統和副總統。在阿根廷政治體制中，只有總統才握有最大的權力，副總統只不過是個陪襯。可是伊莎貝爾和裴隆畢竟是多年的同床共枕的老夫妻，又由於總統年近八旬，這樣，歷史給伊莎貝爾提供了領導國家、實現抱負的契機。她表示要突破對婦女的限制，充分地行使職責，並希望阿根廷婦女可以通力合作，以便使她們能和男人一樣施展抱負。

1974 年 6 月 17 日，三天兩頭不能上班理事的裴隆總統染上了流行性感冒，幾天後裴隆的流感發展成喉炎和呼吸道感染，接著引起心臟病復發，病情十分危急，裴隆已不能公開活動。正在歐洲訪問的伊莎貝爾聞訊立即中斷訪問趕回阿根廷。阿根廷憲法第 76 條規定，如果總統生病、出國、死亡、辭職和離職，行政權由副總統行使。第一夫人的地位和作用陡然上升。她回到布宜諾斯艾利斯的第二天，政府發表了裴隆的病情公報，宣布總統舊病復發，需要充分休息。緊接著，各部部長、三軍司令和最高法院院長被祕密地召到總統官邸開會。裴隆當著大家的面簽署了移交總統權力的證書。隨後，在最高法院院長的見證下，第一夫人宣誓就任總統。會議是在保密情況下舉行的。會後，議會裡傳出了第一夫人掌權的消息，各政黨均表示支持按憲法程序行事。預感到生命大限將近的裴隆，也早已開始扶持第一夫人。實際上，在此之前為了擴大伊莎貝爾的政

治影響，裴隆常委託她在公眾集會上宣講重大政策問題或代表他會見外賓，出國訪問。7月1日，即在裴隆移交權力的第二天，裴隆總統溘然長逝。當晚，伊莎貝爾簽署法令通知議會，她已按憲法規定擔任國家總統。伊莎貝爾成為共和制興起近200年來世界歷史上第一位女總統。男性獨霸總統的局面為之一改。

　　可以這麼說，伊莎貝爾的成功完全得益於她漂亮的外貌，超人的才能和她對機遇的把握。按常理說，一個妙齡姑娘跟一個幾乎可以當爺爺的人在一起結婚是不可能的。但是伊莎貝爾做到了，不僅做到了，而且做得很好。無論從學歷還是從能力上看，一個小學畢業生想去管理一個國家是不可思議的，但是伊莎貝爾又做到了，工於心計又有裴隆呵護的她，最終贏得了成功。所以說，作為一個成功男人背後的女人，妳在托起自己丈夫的同時，也完全可以將自己托起，使自己成為成功女人。

讓男人為妳著迷的心理策略

　　日本心理學家多湖輝在《心理操縱術》一書中對我們的行為給予了理論上的解釋：男性在本質上具有這種注視女人的特性，很像不停從一朵花飛向另一朵花的蝴蝶，即使愛惜這朵花，也得違心地向周圍的花轉移視線，雖然任何女人對男人的這種特性都格外討厭。事實上，男性對任何事物都不容易專一，會發現邊看報紙邊吃飯是男人的拿手好戲。而男性盯著女

人看是別無他意的，應該說出自本能。請想想熟練的司機，臨近交叉路口時，都不自覺地迅速注視左右，就是同樣的道理。可見，男人都有美女情結，女人要想讓男人永久駐足在你這朵花上，那麼妳就需要將自己塑造成一個美女，讓他為妳著迷。

但是，將自己塑造成美女並不僅僅是停留在外表上的，還要懂得內外兼修，這樣才能操縱男人。

＊ **修練性感**：女性魅力之所以具有那麼大的誘惑力，以至令全社會都為之傾倒，很重要的一個因素就是女人的性感。性感使女性光彩照人，平添魅力，令人驚豔；性感構成對異性的誘惑，使他們人見人愛，像丟了魂一般夜不能眠，輾轉反側。

那麼什麼是性感？

性感有媚俗的和高雅的兩個層次。其一主要是愉悅人們的感官，著重引起人的原始性的衝動；其二則來自內在的品味，引起人們的遐想，是一種有意境的美。由此可知，現實生活中那些誤把肉感當做性感的搔首弄姿，只是賣弄而已，不是真正的性感。真正的性感雖然離不開感官的愉悅，但總是超乎感官之上。它屬於更高境界，是骨子裡透發出來的一種美。它需要自覺地培養、修練和發掘。

毋庸諱言，性感之所以為性感，畢竟不同於一般的美感。它與直觀的感性愉悅有著較多的聯繫。今天女人走出了閣

樓的禁錮，大膽出位，主動熱情甚至狂野，這樣更符合現代人的審美品味，於是人們說，這樣的女人真性感。反之，有的女人回避性感，獨守溫柔，結果是自己的女人味反而被保守的思想偷走了。可見只有適度展現自己的性感，才是智慧女人的選擇。

＊ **修練氣質**：氣質是女性美的最重要因素。它是水中鹽味，色裡膠青，雖然看不到，卻學不來、偷不走，如春風、夏雨、秋色、冬雪。於人於己，受益無窮。它是一種高層次的美，比一切外在的美更有生命力，讓人一見難忘，回味無窮，並使女人得到自信，得到意想不到的好運。透過秀麗的臉龐、魔鬼的身材和性感的誘惑，我們發現，女性魅力的背後，是氣質在發揮決定性的作用。

女人的氣質隱藏在容貌之後，但是卻像燈盞的光亮一樣，可以使女性顯得極有魅力，甚至光芒四射。李漁說：「女人有態，三分姿色可增加到七分；女人無態，七分姿色卻只有三分。」良好的氣質是魅力女性的最深奧祕，有氣質的女人才有女人味，才是真正的女人。

＊ **修練知性**：完美女性不當花瓶，她們的外表與內在一樣出眾。知性女人的最大心計是：善於用知識武裝自己，並有一顆善於反省和感悟的心。

有人這樣詮釋知性女人：隱約的奢華，明淨的幽雅，靜謐

的吸引。知性女人感性卻不張狂，典雅卻不孤傲，內斂卻不失風趣；知性女人自信、大度、聰明、睿智。知性女人說話穩重，談吐不俗，堪稱女中豪傑。

德國前總理梅克爾沒有驚人的美貌，但她有堅定的信念，有冷靜的頭腦，有優秀的學習成績。她是一個知性女人，是一個善於學習的人，大量的知識儲備為她打下了良好的基礎。她勤奮刻苦地學習，從普通國民到民主覺醒黨成員，再成為德國最大政黨的主席，最終問鼎總理的寶座。

有人說，女人可以不漂亮，但不可不知性。知性是理性與感性的結合，是自信與美麗的結合，絕無虛飾與矯情，是自然的流露，是清澈與深沉的內在氣質由內而外的自然散發。知性女人渾身散發著理性與感性的水乳交融的獨特魅力。知性女人是獨立的、不受拘束的，她們敢於承受別人不敢經受的歷練，敢於挑戰別人不敢直面的難題。為了成功她們可以不斷地讀書、充電，為的是讓自己變得堅強，有品味，知性。

總之，每個男人都喜歡美女，不管他嘴上承不承認，男人都愛看美女，即使他知道這個女人對自己沒好感，但男人都會給美女一點小的優待。不能說男人犯賤，人的天性就是愛美的，無論男女，別太在意你的男友對街上的女人多看兩眼，他們都是有色心沒色膽，有色膽的大部分在牢裡。要是真把一個

裸體美女丟給他抱，他一定覺得害怕。男人對美女的熱情永遠會隨著時間的推移而減弱，下跌速度必然超過時間增長率。

　　喜新厭舊是男人的另一大缺點，在當今的社會裡越有錢越能潔身自好的男人的確很少，不然那麼多酒店都靠什麼維持呢？不管妳是不是美女，我想妳是真心想得到一份真摯長久的感情，那就學會內外兼修。即使他的眼睛在美女身上多停留幾分鐘，那也只是看看而已，只要他心裡還有妳，就不會為了一個美女而影響你們之間的感情，只要不為了他偷瞄的兩眼跟他翻臉，他的那點視覺刺激不會比一個冰淇淋的效用更長。

下屬如何獲得上司青睞

　　俗話說，蘿蔔青菜，各有所愛。上司不同，喜歡下屬的類型也不同，因為每個人的想法和眼光不同。但不論什麼樣的上司，他都掌握著對你的「生殺大權」。如果你讓他領教自己的才學精深，體會你的忠貞不貳，享受你的崇敬美意，迅速成為他的知己，那你的事業坦途就開始了。

＊ **舉止優雅的女下屬**：男上司對女下屬的看法往往會走極端，要麼非常欣賞，要麼深惡痛絕，而女下屬的行為舉止會在相當程度上左右上司的看法。妳的穿衣打扮、談吐、坐姿，甚至說話聲音的大小，微笑的表情，待人接物的態

度，都會影響上司對你的判斷。有的女性錯誤地認為，男人都喜歡漂亮、前衛、性感的女人，所以就打扮得花枝招展、濃妝豔抹。其實是大錯特錯了。工作以外，盡可以打扮得豔麗、純情或者很性感，但在辦公室裡必須有所收斂，要衣著端莊，允許穿出一些個性，但不能過於招搖。談吐要張弛有度，坐姿要穩重、含而不露，站姿要優美，最好不要邊說邊笑，嘻嘻哈哈，待人接物要熱情、周到、細緻、有禮貌。

＊ **做精明能幹的女強人**：上司是一個部門的領導，部門工作的好壞直接關係到上司的政績。因此，工作能力強弱是上司對下級的一個評判標準。

上司一般都很賞識聰明、機靈、有頭腦、有創造性的下屬，這樣的人往往能出色地完成任務。有能力做好本職工作是使上司滿意的前提，一旦被人認為是無能無識之輩，既愚蠢又懶惰，便很危險了。但我們完成工作之後，要學會把功勞讓給上司。華人在講自己的成績時，往往會先說一段套話：成績的取得，是上司和同事們幫助的結果。這種套話雖然乏味得很，卻有很大的妙用：顯得你謙虛謹慎，從而減少他人的嫉恨。

好的東西，每一個人都喜歡。越是好的東西，越是捨不得給別人，這是人之常情。要是你有遠大的抱負，就不要斤

115

斤計較成績的獲得你究竟佔有多少份，而應大大方方地把功勞讓給你身邊的人，特別是讓給你的上司。做了這一件事，你感到喜悅，上司臉上也光彩，以後，少不了再給你更多的建功立業的機會。否則，如果只會打眼前的算盤，急功近利，則會得罪身邊的人，將來一定會吃虧。

＊ **要學會在工作中表現自己**：常言道，疾風知勁草，烈火煉真金。在關鍵時刻，上司會真切地認識與了解下屬。人生難得機遇，不要錯過表現自己的極好機會。當某項工作陷入困境之時，職場人若能大顯身手，定會讓上司格外器重你。當上司本人在想法、感情或生活上出現矛盾時，你若能妙語勸慰，也會令其格外感激。此時，切忌變成一塊木頭，呆頭呆腦，冷漠無情，畏首畏尾，膽怯懦弱。這樣，上司便會認為你是一個無知無識、無情無能的平庸之輩。但需要注意的是，讓功一事不能在外面或同事中張揚，否則不如不讓功的好。對於讓功的事，讓功者本人是不適合宣傳的，自我宣傳總有些邀功請賞、不尊重上司的意味，千萬不要這麼做。宣傳你讓功的事，只能由被讓者來宣傳。雖然這樣做有點埋沒了你的才華，但你的同事和上司總會一有機會便設法還給你這筆人情，給你一份獎勵。因此，做善事就要做到底，不要讓人覺得你讓功是虛偽的。

＊ **野心勃勃型**：說到底，下屬要有強烈的進取心，好學，上進，勤奮，工作有股拚勁。多數上司有這樣的想法，有的人比較重感情，一旦認定了哪個上司，就會很忠誠，再苦再累也不叫屈，攆都攆不走。而有的人就不同了，即便委以重任，也時常會心猿意馬，不知哪天會遠走高飛。上司因此會把一些比較重要的工作，放在有野心的下屬身上，培養、提拔、重用。

＊ **成為上司的「貼己人」**：上司對下級最看重的一條就是是否對自己忠心耿耿，忠誠對領導來說更為重要，比如一些部門的司機都是男上司的「貼己人」，如果不是「貼己人」，一些在車上的談話、辦的一些私事被說出去，會造成影響。因此，要成為上司的「貼己人」，就要經常用行動或語言來表示你信賴、敬重他，上司在工作中出現失誤，千萬不要持幸災樂禍或冷眼旁觀的態度，這會令他極為寒心。能擔責任就擔責任，不能擔責任可幫他分析原因，為其開脫。此外，還要幫他總結教訓，多加勸慰。持指責、嘲諷的態度更易把關係搞僵，使矛盾激化。那樣，你就再不要指望上司喜歡和器重你了。

那麼，如何做一個使上司喜歡的人呢？第一，要忠於上司，向上司請教，才意味著「孺子可教」，而不能在上司面前吹牛，與上司計較個人的利益得失。第二，要在關鍵時刻為上司挺身而

出，把功勞讓給上司，而不可張揚你對上司的善事。第三，與上司交談時，不可鋒芒畢露，不要在背後議論上司的長短。

在職場上，禦局要有術。在職場與上司相處，最關鍵的一點是要博得上司的信任，設法獲得他的青睞，如果做到了以上這些方面，那麼，上司自然會對下屬欣賞有佳，而這也就在無形之中幫助你成功地操縱了你的上司，你的前途也會一路平坦。在職場上與上司相處，最關鍵的一點是要博得上司的寵信，設法成為他的心腹。正如俗話說的，背靠大樹好乘涼。

自古美人操縱英雄

美色也可以起到操縱人心的目的，為什麼這麼說呢？因為女人的魔力，好像是上帝專門為征服男人創造的。人們常說：英雄難過美人關。又說：自古英雄皆好色，若不好色非英雄。由此，「美人計」應運而生，且幾乎被認定是所向披靡的計謀。甚至連英雄也被美人攻克，為美人傾倒，可見美色是何等的有威力，又是何等地惹人喜愛。

美人計是用女色誘惑敵人，使敵人貪圖安逸享受，鬥志衰退，從而造成內部分崩離析，繼而一舉殲滅的策略。這一操縱術，不能只從字面理解，還要理解為藉由敵人可以信賴的人和事，來左右敵方，使敵方鬥志渙散，意志消退，從而一舉戰勝對方。

越王勾踐被吳國打敗後，便送美女西施和奇珍異寶來取悅吳王夫差，使其貪圖安逸享受，放鬆警惕，迫害賢良。而後越國乘機出兵，反敗為勝，滅了吳國。

　　董卓專權，濫施殺戮，有篡位之心，其與義子呂布皆為好色之徒。司徒王允巧使美人計，以貂蟬為餌，使二人反目，呂布殺了董卓，挽回了漢朝天下。

　　周瑜為要脅劉備交還荊州，要孫權使嫁妹之計，引劉備入吳招親。結果劉備娶了孫尚香後逃回荊州。東吳只落了個「周郎妙計安天下，賠了夫人又折兵」的下場。

　　劉邦當年御駕親征，討伐勾結匈奴造反的韓王姬信。不料兵困白登城，內乏糧草，外無援兵。幸虧陳平巧施美人計，使得冒頓單于神魂顛倒，放走了劉邦。不然，劉邦早成了刀下亡魂。

　　洪承疇係明師統帥，乃中原才士，文武雙全，不料兵敗錦州，被清軍俘獲。清太宗想利用洪作開路先鋒，吞併中原。可洪承疇一意拒絕，且絕食明志。清皇后博爾濟特氏親自出馬，終使洪承疇這樣一位貧賤不移、威武不屈的英雄豪傑，掛縛於美人的釵裙之下。

　　試想千年以來，為何簡簡單單的美人計竟然可以達到謀利生財，斷送他人性命，甚至使國家傾倒的結局呢？其實道理很簡單。就是因為使用這個計謀的人抓住了常人皆有色性的弱點。大聖人孔老夫子曾喟歎說：「吾未見好德如好色者也。」可

見色性之人多矣，既然有如此多的色性之人，又豈能不使這一計謀廣為用之。

由此可見，以軟制硬，以柔克剛，以及人性中對色性的癡迷正是美人計屢次得以成功使用的根本原因所在。即從心理上對敵人進行干擾和打擊，從意志上對敵人進行瓦解和摧毀，或者用柔和的辦法來制伏剛強的敵人，以此達到拉攏、利用的目的。

當然，提到美人計，很多人會想到女人，認為「紅顏禍水，最毒婦人心」，可這些都是女人的錯嗎？如果在一個只有女人的世界中生活，女人肯定不會被稱為禍水，如果在一個男人都懂女人，都理解女人的世界中生活，那麼女人也不可能成為禍水。其實無論是「紅顏禍水」還是「最毒婦人心」，這些都是男人無節制，在美色面前失去理智的結果，才使得千古絕唱的美人計有了發揮的餘地，而且其威力勝過千軍萬馬，使得大事化小，小事化無，不動一刀一槍，也能破解千軍萬馬之勢。

英雄難過美人關，這是人性使然，沒有絕對的誰對誰錯，只在於人性的本質。因為你的人性本質是貪戀美色的，所以「美人計」在你這裡才會得以實施，而且效果非常，反之則不盡然。

第五章

把他變成「萬人迷」，讓人們都支持他

　　好女人用欣賞的眼光關注男人，扶持男人，讚美男人，完善男人。如果一個男人的身邊有一個善解人意的好女人，那麼，他也會很自然地成為一個好男人。當女人崇拜、欣賞、支持他們的時候，他們才會覺得自己有價值，也更容易激發他們的主觀能動性，使他們在事業上更加熱情地努力奮鬥。

把表現的機會讓給他

　　每個成功男人的後面都有一個偉大的女人，這句話具有深刻的道理。不可忽視女人對你的經營才能的影響。如果你能找到一位好的妻子幫助你，會使你的事業走向更大的成功。

　　英國政壇第一把手戈登·布朗剛剛上任，身為第一夫人的莎拉·布朗就引起媒體注意。與前首相夫人雪麗·布萊爾相比，莎拉處事低調、個性溫和。法新社報導稱，莎拉留給公眾的溫情印象能夠柔化丈夫過於嚴厲的形象，兩人可謂剛柔相濟。莎拉很注意維護丈夫以及自身的公眾形象，對家人的私生活守口如瓶。她也不喜歡在公眾場合惹人注目，相反，她更願意讓丈夫成為主角。

　　莎拉·布朗不愛逛街買衣服，也不追求時尚，她主要幫布朗打理髮型、化妝和衣著，確保丈夫作為新首相時時保持優雅的形象。取得心理學學位的她甚至願意放棄高薪職業，在家全職照顧孩子，全身心投入慈善事業。

　　大學畢業後，莎拉加入公關行業，並在 30 歲時與人合作創辦了一家公關公司。與布朗結婚後，莎拉很快改用夫姓，並放棄成功的事業，全心投入家庭。她甚至還利用自己的公關特長，千方百計為丈夫的公共形象「貼金」。同時，莎拉還嘗試引導丈夫結交朋友，組織聚餐。媒體評論說，這位首相夫人以

一種聰明而低調的方式為丈夫提供說明。但她並非沒有自己的觀點，而是不願在公共場合表達自己的觀點。她把表現機會都給了布朗，這使得公眾對布朗的支持率節節升高。

從這裡我們可以看出，作為成功男人背後的女人，在社交場合中要懂得把更多的表現機會讓給男人，這是女人處事的一大原則，也是女人推動男人不斷向前發展的一種槓桿，尤其是在公共場合或者朋友聚會時，你千萬要記住這一點。

一個女人，如果你把更多的表現機會給了男人，這會激發他們的更多優勢，使他們對自己更有信心，從而做得更好。有句話說得好「男人的一半是女人」。因此，女人要給足男人表現機會，以觸動他們積極向上的欲望。

當然，作為成功男人背後的女人，需要把表現的機會讓給男人，並不是說需要你委曲求全，而是要滿足成功男人的表現欲，同時從另一個方面來說，把表現的機會讓給他，也可以提升他的交際能力，可謂是一舉多得。

總之，作為成功男人背後的女人，如果你想讓自己丈夫的潛力很好地發揮出來，那麼，你就應該給他創造一個更好的發揮潛力的環境，給予他適當的推動力，推動他向前。同時適度地隱藏自己，讓社交場合裡的注意力完全集中在自己的丈夫身上，使丈夫在交際圈中成為一顆閃耀的交際明星，贏得公眾的好感，進而贏得公眾的支持，這對一個男人的仕途發展來說是

至關重要的。所以，如果你是一個聰明的妻子，你就要學會把自己適度地降低下來，使丈夫出人頭地，自己情願扮演次要角色，這樣更有利於營造家庭的和諧，同時，也可提高丈夫的表現力，為丈夫贏得好人緣。這比起那些兩人同時要表現出各自的優點的做法所帶來的意義要深遠得多。

做他最好的形象設計師

　　人們常常說，藉由一個男人的著裝，就可以看出他身後的女人。的確，男人的著裝與女人有著很大的關係。尤其對於一個成功男士來說，他要擁有良好的公眾形象，要擁有良好的社交形象，要擁有良好的領導形象等，而這些形象的塑造都離不開他背後女人的打理，也就是他的妻子。

　　男人的著裝是女人的臉面，替男人選好合適的衣服，打理好自己的男人是女人義不容辭的責任與義務。男人購衣講求少而精，注重舒適和個性。衣服要質地高級，做工考究，款式簡約，色彩純正，注意色彩的搭配，這些都是成功男人背後的女人要做好的家庭作業。

　　泰國前總理塔克辛的妻子達瑪蓬也是這樣的一個女人。關注塔克辛的人會發現，塔克辛最喜愛穿黑色西裝和白色襯衫，而且一定要配上一條紅色領帶。據說，這就是達瑪蓬專門為塔

克辛量身設計的裝扮，以突出他既隨和又精明的形象。塔克辛曾對媒體說，與達瑪蓬結婚是他莫大的幸運。

由此可見，對於一位成功男士來說，妻子對他形象的樹立起著多麼重要的作用。那麼，作為成功男人背後的妻子應該如何做好男人的形象設計師呢？

＊ **西裝**：對於一些成功男士來說，西裝是他們在工作與交際的多數情況之下都離不開的服飾，因為，在中國一般人多以西裝來代表男人的身分、地位，而在正式場合中，也多以深色西裝來應對。西裝是商界男士在正式場合著裝的優先選擇。所以，妻子們首先應對西裝有更深層次的了解。

· **西裝的選擇**：要關注其面料、色彩、圖案、款式、尺寸、做工。

· **西裝的穿法**：要拆除上衣袖上的商標；要熨燙平整；要繫好紐扣；要少裝東西。

＊ **襯衫**：與西裝對應的是襯衫，而且應該是商務襯衫。

商務襯衫具備下述幾個方面的特徵：

從面料上講，商務襯衫主要以高織精紡的純棉、純毛製品為主。以棉、毛為主要成分的混紡襯衫，亦可酌情選擇。

從色彩上講，商務襯衫必須為單一色彩。在正規的商務應酬中，白色襯衫可謂商界男士的唯一選擇。除此之外，藍色、灰色、棕黑色，有時亦可加以考慮。

從圖案上講，商務襯衫整體以無任何圖案為佳。較細的豎條襯衫在一般性的商務活動中可以穿著。但是，切忌同時穿著豎條紋的西裝。

從衣領上講，商務襯衫的領型多為方領、短領和長領。具體進行選擇時，須兼顧本人的臉形、脖長以及將打的領帶結的大小，千萬不要使它們相互之間反差過大。扣領的襯衫，有時亦可選用。從衣袖上講，商務襯衫必須為長袖襯衫。

從衣袋上講，商務襯衫以無胸袋者為佳，以免亂放東西。即使穿有口袋的襯衫，也要儘量少往口袋裡塞東西。

穿著商務襯衫與西裝相配套，有下述四點注意事項：

- **衣扣要繫上**：穿西裝的時候，襯衫的所有紐扣都要一一繫好。只有在穿西裝而不打領帶時，才必須解開襯衫的領扣。

- **袖長要適度**：穿西裝時，襯衫的袖長最好長短適度。最美觀的穿法，是令襯衫的袖口恰好露出來 1 公分左右。

- **下擺要放好**：穿長袖襯衫時，不論是否穿外衣，均須將其下擺均勻而認真地紮進褲腰之內。

- **大小要合身**：除休閒襯衫之外，襯衫既不宜過於短小緊身，也不應該過分地寬鬆肥大、鬆鬆垮垮。選擇商務襯衫時，務必要使之大小合身。特別要注意：其衣領與胸圍要鬆緊適度，其下擺不宜過短。

* 此外，商界男士在自己的辦公室裡，可以暫時脫下西裝上衣，直接穿著長袖襯衫、打著領帶。但若以這種形象外出辦事，就有失體統了。簡言之，不穿西裝上衣，而直接穿著長袖襯衫、打著領帶去參加正式活動，是不合乎禮儀規範的。

* **領帶**：領帶是商界男士穿西裝時最重要的飾物。在歐美各國，領帶則與手錶和裝飾性袖扣並列，稱為「成年男子的三大飾品」。

  領帶本身並不具有其他特別的存在感，領帶之所以能展現其最美的一面，是在和其他服裝搭配之後的結果。打領帶給人的感覺是成熟穩重，進而產生信賴感。男人的領帶即代表個性與品味。在選擇領帶時，應注意色系和圖案給人的印象。領帶和西裝最好能夠同色系，才能給人一致的協調感。

  一般說來，暖色系的領帶給人熱情、溫暖的感覺，冷色系的領帶則表現出莊嚴和冷靜的感覺。明亮色系的領帶顯得活潑有朝氣，暗色系的領帶會顯得嚴肅。斜條紋的領帶，給人正直、權威、穩重、理性的印象，適合在談判、推銷、演講、開會、主持會議的場合使用。方格子和點狀的領帶，給人中規中矩、按部就班的印象，適合在初次約會見面或會見上司和長輩時使用。不規則圖案的領帶，像是

抽象畫、幾何圖形、變形蟲、花鳥等圖案，給人有創意、有個性、有朝氣和流行的感覺。這類領帶最好是在酒會、宴會或者是在下班後的約會、朋友聚餐時使用。

也有人喜歡戴上社團徽章，或是印有公司標誌的圖案等，給人以歸屬感，希望被尊重、肯定和認同。此類徽章適合在特定團體的聚會或是展示自己興趣和身分的場合佩戴。

打領帶有幾種常犯的錯誤，需得留意，才不會失禮。

- 打好領帶後，將領帶一端小劍帶穿過大劍帶背後的布扣，既可防止領帶分離移動，也可增加領帶的美觀。
- 太長的領帶在穿戴好後，不可將領帶末端塞入褲腰帶，這是極不雅觀的做法，同時也使領帶喪失了原有的魅力。
- 穿好衣服後，請檢查衣領後的領帶是否露出或歪斜，如有，換條寬幅較窄的領帶為宜。
- 好領帶需有正確的穿戴方式，如果將領帶拉得太低，則顯得太輕浮，又不雅觀，也會破壞領帶的品味。

＊ **鞋襪**：穿西裝時，商界男士所穿的鞋子與襪子均應符合統一要求。

選擇與西裝配套的鞋子，只能選擇皮鞋。配套的皮鞋，應該是真皮製品而非仿皮。一般來說，牛皮鞋與西裝最般配，羊皮鞋、豬皮鞋則不甚合適。需要說明的是，磨砂皮鞋、麂皮皮鞋大都屬於休閒皮鞋，也不太適合與西裝相配

套。與西裝配套的皮鞋，按照慣例應為深色、單色。

最適於與西裝套裝配套的皮鞋，只有黑色一種。就連棕色皮鞋，往往也會大受排斥。

商界男士所穿皮鞋的款式，理當莊重而正統。根據這一要求，**繫帶皮鞋**是最佳之選。各類無帶皮鞋，如船形皮鞋、蓋式皮鞋、拉鍊皮鞋等，都不符合這一要求。

另外，商界男士在穿襪子時，必須遵守下列四項規則：

· 襪子要乾淨。襪子務必要做到一天一換、洗滌乾淨，以防止其異味令自己難堪，令他人難忍。

· 襪子要完整。穿襪子之前，一定要檢查一下它有無破洞。如果發現有，切記及時更換。

· 襪子要成雙。無論如何，穿襪子時都要穿成雙的襪子。不要自行將原非一雙的兩隻襪子隨意穿在一起，尤其當二者色彩不同、圖案各異時，更是不該這麼做。

· 襪子要合腳。在正式場合穿的襪子，其大小一定要合腳。應該特別注意，別穿太小、太短的襪子。襪子太小，不但易破，而且容易從腳上滑下去。襪子太短，則時常會使腳踝露出來。一般而言，襪子的長度不宜低於自己的踝骨。

最後，還須強調，赤腳穿皮鞋乃是失儀之舉，商界男士絕對不可以那樣做。

男人就要以事業為重，在事業上男人要有很多需要注意的內容，而且這些內容還存在著許多細節方面的問題，在相當程度上決定了男人的事業是否會順利、成功。所以作為妻子的你注意好細節能夠更好地提升丈夫的形象，更好地反映男士的品味，更大程度地提高男人的魅力。

做他最佳的健康師

　　有一篇名為〈停止謀殺你的丈夫〉的文章，這樣寫道：「四十年來，我擔任一家人壽保險公司的統計工作，所得到的結論是，許多男人在年限沒到以前就死了，如果他們的妻子能夠更加嚴謹地盡到自己的職責，照料他們的丈夫，這些男人也許已經被救回來了。」

　　有位英年早逝作家的幾位朋友在痛惜之餘，說了這樣一段話：「即使是一項偉大而緊迫的事業，在完成它的時候也要量力而行，不可太急太緊，在太甚太重的繁忙中馬虎了自己，因為過分負荷的勞傷，過量超常規的消耗，丟失了自己，也斷了千百萬人的期盼。」

　　的確，對於成功男人來說，他們似乎少有星期幾的概念，即使是週末，在他們的心中、腦中也有著無數工作要做。

　　有一位知名的企業家，他被人們稱為工作狂，32歲已經當上了一家大型企業的董事長。他把全部精力都用在事業上，他

就像一個機器人，每天 7 點 30 分準時進辦公室，很晚才下班回家，從來也不休息。他的口頭禪是：「市場沒有等待的時候，所以工作也沒有停止的時候。」他生活中沒有娛樂，唯一的愛好就是上網。當他忙碌一天回到住處的時候，要做的唯一一件事就是上網瀏覽。

後來，由於他忘我的工作，超負荷地運轉而積勞成疾。外加上他健康觀念差，未能及時治療，直到病情嚴重才去就診，結果疾病已到了晚期，不久就離開了人世。臨終前，他痛苦地感歎道：「我這幾十年的努力奮鬥，辛勤工作，可謂事業有成了。然而，現在才意識到，我的一生中，事業是公司的，是國家的，金錢財富是子孫的，只有這身體才是我自己的，可我從沒有想到它，保護它……唉！晚了！」

所以，對於成功男人背後的女人來說，關注他們的健康對於推動一個男人的成功，維持家庭生活和諧來說是至關重要的，因此，作為成功男人的妻子，就要成為他的最佳健康師。

那麼，如何做成功男人的健康師呢？

第一，調整嗜好，戒菸限酒。

對於很多男人來說，他們總是認為男人在應酬的時候不可缺少的就是抽菸喝酒，這是一個男人交際必不可少的一個環節。想要辦成事，如果不能在酒桌上將對方搞定，那麼事情成功的可能性就很小，甚至沒有。然而，這種過度菸酒和肉食，會引起體重超重，體重超重會引發多種疾病，如血脂異常症、

脂肪肝等。身體超重的人除了皮下脂肪堆積過多之外，內臟和遍布全身的血管內也都堆滿了脂肪，脂肪堆積到肝臟就形成了脂肪肝。超重容易引起多種心腦血管疾患，據統計，心梗的最早發病率已提前到 27 歲。

過度吸菸會引起肺部疾患、動脈硬化、心腦血管疾病，還會使人體的大量營養素丟失，特別是維生素會大量丟失，還會引發消化道疾患，如消化不良、食道炎、胃炎、胃潰瘍等。

長期大量飲酒會損傷肝臟，導致肝功能異常，轉氨酶升高。飲酒還會損傷生殖系統，影響男性的生育。

〈呂氏春秋・盡數篇〉告訴人們：「凡養生，莫若知本……飲必小咽，端直無戾。」從保健角度來說，酒的醇度越高，越要吃動物性蛋白質豐富的食物，這也是飲酒的一個竅門。牛肉、燒雞、魚以及其他動物性食品和大豆製品中，含大量蛋氨酸和膽鹼，因此，吃這些食品可以保護肝臟。鹼性食物，如醋拌的涼菜、青菜及水果等，對保護肝臟也有益處。

所以，作為成功男人背後的女人，在這方面，可以常為他們準備一些降脂食物，如山楂、香菇、木耳、大蒜、綠茶和海帶等食物，這六種食物被稱為「降脂六君子」。也可以選用一些補充維生素類的藥物，平時多補充一些蔬菜和水果。

第二，科學合理飲食。

有健康專家根據 WHO「維多利亞宣言」中的合理膳食原

則，參考營養學會的建議，提出一項基本的大眾飲食方案，概括為「一、二、三、四、五；紅、黃、綠、白、黑」。

* 「一」是每天喝一瓶牛奶。因為每日每人需要 800 毫克鈣，而我們的膳食裡僅有 500 毫克鈣，而每瓶牛奶約有 300 毫克鈣，所以要喝一瓶牛奶，正好補齊每日需要的鈣質。

* 「二」是 250 ～ 350 克碳水化合物，相當於 300 ～ 400 克主食。這不是固定的，比如有些年輕人工作量大，一天就要 350 克。有些人工作量較少，不用 300 克，一天 150 克就夠了。

* 「三」是每天三份高蛋白。人不能光吃素，也不能光吃肉。蛋白質不能太多，也不能太少，3 ～ 4 份就好，不多不少。一份就是 100 克瘦肉或者一個雞蛋，或者 100 克豆腐，或者 100 克魚蝦，或者 100 克雞或鴨，或者 25 克黃豆。一天三份。比如說早上吃一個荷包蛋，中午吃一個肉片炒苦瓜，晚上吃 100 克豆腐或 100 克魚，這一天 3 ～ 4 份的蛋白質不多不少。

* 「四」是四句話。即「有粗有細，不甜不鹹，三四五頓，七八分飽」。

* 「五」是 500 克蔬菜和水果。新鮮蔬菜和水果有一個特殊作用就是防癌，能減少一半以上患癌症的機會。

以上就是合理飲食的「一、二、三、四、五」。

接下來，我們說說餐桌上的「紅黃綠白黑」：

＊「紅」是指番茄或 50 ～ 100 毫升紅葡萄酒。

＊「黃」是指黃色蔬菜瓜果。如紅蘿蔔、柑橘、紅薯、玉米、南瓜等，這些蔬菜瓜果含維生素 A 較多。

＊「綠」是指綠茶和綠色蔬菜。

＊「白」是指燕麥粉和燕麥片。用燕麥煮粥，不但能降低膽固醇和三酸甘油酯，還有助於糖尿病的防治，對治療便祕也特別有效。

＊「黑」是指黑木耳。黑木耳對調節血液黏稠度有很大好處。它能抗血小板聚集，降低血黏度，有助於溶解血栓，使血管暢通，因此說常吃黑木耳的人不容易形成腦血栓和發生心肌梗死。

第三，與他一起做運動。

《壽世保元》說：「養生之道，不欲食後便臥及終日穩坐，皆能凝結氣血，久則損壽。」說明運動能夠促進氣血暢達，增強抗禦病邪能力，提高生命力，故著名醫家張子和強調「唯以血氣流通為貴。」人體運動主要圍繞肩、腰、髖、膝、踝等關節來進行，且每一處關節部分布有若干肌群，經常運動，既能消除脂肪，又增強了肌肉的力量。

第四，去 SPA 聽流水、鳥鳴。

擁有野心，可能會使丈夫的事業成功，但這可能會使他的

生命無法長久的維持，自然難以和你一起享受美好的人生。而且，當今社會的激烈競爭更加重了男人們肩膀上的擔子。長期處於緊張心理狀態中的男人，非常希望有一個能使自己放鬆的空間。

所以，妻子陪丈夫去做 SPA，這是一種不錯的選擇。它是一種不錯的減壓方式，可以根據男性的年齡、膚質和體質量身定做一套適合妳丈夫的 SPA。它耗時不多，而且還能發揮舒緩精神疲勞的作用，有利於男性的減壓。

第五，注意丈夫的體重。

美國某知名醫學大學的一位醫生說：「雖然世界上總有戰爭的發生，但死在餐桌上刀叉下的人，比死在槍炮子彈下的人還要多。」不可否認，老婆對丈夫的啤酒肚是負有責任的。一個成功男人避免不了應酬，應酬多起來，往往他們的腰圍也隨之增大起來。在這時，聰明的妻子應該意識到，中年發福不是福。

近年來，因糖尿病致死的患者增加了 3 倍，是現代十大死亡原因中增長最快的病。嚴重的是，目前，20 ～ 35 歲低年齡的糖尿病人還在不斷增加。在上個世紀，人們對肥胖並不介意，往往把肥胖視為發福、富態。

世界衛生組織已經把肥胖定義為一種流行疾病，美國也將其列入與吸毒、槍支氾濫等同的社會問題。世界衛生組織和美國之所以這樣做，是因為肥胖不僅容易患糖尿病，還與高血壓、膽囊炎、骨關節病、冠心病、乳腺癌、結腸癌等多種疾病

有著密切的關係。因此，提早幫丈夫做一個健康的飲食方案，是妻子的責任。妻子應該向專家諮詢一些降脂的方案，把控制丈夫的體重當做一項重要事情去做。

第六，年度體檢不可少。

關心丈夫的妻子必須要求丈夫一年做一次健康檢查，無論丈夫有多忙，你都要讓丈夫走進醫院去做檢查。試想，如果能提早做檢查，那身上的病就會得到較早的治療，也不會將自己的生命都賠進去，這樣的結局是可悲的。所以作為妻子，在丈夫忽視這方面的時候，妳一定要幫助丈夫將這個項目作為自己一年的計畫來執行。

第七，放聲大笑，減輕壓力。

男人比女人承受著更大的壓力。權威心理研究機構發現，精神壓力可導致內分泌系統紊亂，出現持久的身心功能失調，以致皮膚乾燥鬆弛，失去光澤，膚色早現病態，這種現象被稱為「凌亂皮膚綜合症」。它會加速皮膚衰老，妨礙皮膚的健康美麗。因此，「笑療法」是針對男人見效最快且是他們最樂意接受的方法。具體方法是：無論何時何地，只要有空就想想遇到的最可笑的事情，縱情大笑 1～2 分鐘，每天笑個 3～4 次，不用 1 個月，就會容光煥發。

第八，要注意使丈夫得到充分的休息。

抵抗疲勞的祕密，就是要在疲倦以前就休息。短暫的放鬆心情，會有驚人的效果。如果你的丈夫每天回家吃午餐，在他

回去工作以前，讓他躺下來休息十分鐘或者十五分鐘，這可以使他的生命延長幾年。

隨著當今生活工作節奏的加快，工作繁重，再加上加班、應酬、缺乏運動等，會使體內堆積過多的代謝廢物，又阻礙了體內血液的流通和運行能力，從而使人們感到身心疲憊、身體虛弱、全身乏力、精神不振，人體的免疫力也會跟著下降。自然地，感冒、胃腸感染、過敏等症狀都會找上門。加之男人又常常把自己當成家裡的支柱等，種種壓力使得男人忽視了自己的健康。所以，作為他的另一半的女人就要幫助他們合理地安排工作、學習和生活，制訂切實可行的工作計畫或目標，並適當留有餘地，以此打造一個既成功又健康的男人。

為其營造聲勢，助其成就霸業

大家都知道李淵是唐朝的開國皇帝，但大家未必知道在李淵成功的背後，有一個女人曾馳騁疆場，幫助他推翻隋朝統治，贏得大眾的支持，而這個不平凡的女人就是平陽公主。在她父親成功的背後，作為一個勇敢、幹練的女子，她對父親的幫助與支持可謂是功不可沒。

生逢亂世，能否自保就是一門很高深的學問了。然而一個柔弱女子，披堅執銳縱橫疆場之上，帶領萬千之眾與李淵的大軍一同推倒了大隋基業，這便是平陽公主。纖纖女子因何能如

此縱橫捭闔於風雲變幻的亂世？皆因其謹慎果斷的個性，謹慎使她一次又一次躲過追捕；疏散家資，結民眾造反，是其果斷的一面，如此平陽公主無疑是女子中的「王中王」。

平陽公主出身貴族，她個性謹慎精明、多謀善斷，但生逢亂世。李淵起兵進長安之時，她以勇武謀略率娘子軍與之呼應，攻破長安。

平陽公主是李淵的三女兒，在父親的教導下，她與兄弟們一起讀書識字，習文研武，不僅練就了一身好武藝，而且文采斐然。

平陽公主從小就隨父母在各地輾轉遷居，飽覽了各地的名山大川、軍事要塞及其他自然風光，又接觸了各地的風土民情，了解了很多社會現實，使她閱歷豐富、眼界開闊、見多識廣。這種非同尋常的成長道路就使她迥異於一般安居閨中的貴族女子，養成了遇事多思慎行的個性。而這種個性不管是治軍還是為政，都是一大優勢，少時的這番經歷，使她對政治也有了敏銳的洞察力，兩者的結合無疑使平陽公主以後的命運要與軍旅結下緣分。

當年，李淵調到太原任留守，平陽公主仍留在長安，隋煬帝的暴政激起了全國農民起義。李淵也在這時起兵了。他分別給在外的兒子建成、元吉、女兒平陽公主送去密信，告知自己的起義計畫。

當然，以平陽公主的個性，父親起義她決不會袖手旁觀。平陽公主深知，父親起兵的首要戰略目標一定是關中。因為關中是富饒之地，經濟發達，而且李淵是關隴豪族，在關中地區勢力很大，所以有較大的號召力；另外地處關中的長安，是隋朝的都城所在，一旦攻下長安，不僅可以獲取大量的糧食和其他軍備物資，關鍵是有利於擴大政治影響。為了策應父親的起義，她便立即加緊組建武裝。

　　當時附近的百姓因不堪隋朝的殘酷統治，不少人被迫造反，有的參加了農民起義軍，有的則成了打家劫舍的「綠林盜賊」。平陽公主便變賣了家產，散發給當地貧苦的農民，吸引他們參加自己組織的反隋隊伍，山中的一些亡命之徒也紛紛投到平陽公主帳下，很快就組成了一支幾百人的隊伍。於是，平陽公主在雩縣宣布起義，回應父兄反隋起義。這支軍隊被人們稱為娘子軍。

　　平陽公主起義之初，已經有了多支反隋的義軍，其中西域胡商何潘仁領導的隊伍勢力最大，擁有幾萬人。他們以司竹園為根據地，何潘仁自稱總管，並把避禍在家的前尚書右丞李綱擄進營中擔任長史，為其謀劃，屢次擊敗前來鎮壓的隋軍。平陽公主認為，若能將這支隊伍拉過來，必將壯大自己的勢力，開創一個新局面，在關中一帶造成更大的聲勢。於是，她就派自己的心腹家僮馬三寶前往司竹園，打算說服何潘仁歸於自己麾下。

馬三寶為人非常精明，很會見機行事，他不僅武藝精湛，而且能言善辯。他來到司竹園之後，向何潘仁陳述利害，曉以大義，勸他認清大勢，與平陽公主合作。何潘仁雖說是個西域胡商，但由於在內地日久，所以對關中一帶的情況瞭若指掌。他也認為，將來能成大業的必是李淵父子，所以也有意投靠，加上李綱從中發揮作用，何潘仁表示願意率部歸順平陽公主。

後來平陽公主的叔父李神通聽說平陽公主派人前來聯絡，合力攻打縣城，非常高興，於是率部前來與平陽公主會合。平陽公主與李神通研究之後，義軍隊伍迅速擴大，僅李神通所部就已發展到一萬多人。攻克縣城之後，李神通在此建立了根據地，他個性謹慎精明，在領兵打仗上無疑是一大長處。勇敢的謀略，在戰爭中無疑佔有了主動權，這些個性平陽公主都具備了，如此帶兵之將焉有不勝之理！

後來，李淵創立了唐王朝，他的成功不可否認擁有自己得天獨厚的天時、地利、人和因素在裡面，但平陽公主為他的成功也可稱得上是立下了汗馬功勞。作為一位柔弱的女子，她不僅為父親的成功營造了浩大的聲勢，同時也為父親的成功掃平了道路。在一定意義上，我們不得不稱平陽公主為成功男人背後的「王中王」女人。

男人需要有思想的女人守護他的

「大後方」對於許多成功男士來說，他們的妻子願意鼓勵丈夫衝鋒陷陣，自己寧願為他守著「大後方」。但她會越來越發現自己變得對外界漠不關心，尤其是孩子獨立之後，不出家門，甚至不關心天氣預報，簡直成了一隻縮在殼裡的蝸牛。相當一部分女人把孩子當成自己的事業和家庭的核心，很少看書、看報，關注社會。儘管出發點是讓丈夫安心地工作，其實這是把自己的權利丟掉了大半。男人創業之後，改變最大的是價值觀，他們對世界的看法變得最快，如果女人不與時俱進，就埋下了危機，最終婚姻也可能出現「十面埋伏」。這樣的妻子應該多和丈夫一起商討社會問題。別小看對一些事情的討論，其實，討論別人的事情，實際上是鍛煉自己的判斷力，同時也可以以此來摸清丈夫的價值觀，從而，打造自己與丈夫共同的、新的價值觀。另外，妻子也可以時常把自己在工作中遇到的問題和快樂與丈夫分享，讓他不要忘記，妻子不僅在乎他的人，也在乎他的看法。

女人要有自己的想法，尤其是作為成功男人背後的女人，一個成功的男人，他同時希望能擁有一個能與他談論古今的妻子，這樣兩個人的想法才會達到融合。所以，女人要有自己的想法，調整好自己，自尊、自愛、自強，這樣的生活才會更有價值，這樣的女人身上才會散發著迷人的芬芳。

那麼成功男人背後的女人如何能做到這些呢？

* **多讀書，多思考**：讀書的好處到你二十五歲以後會逐漸顯現。知識才能改變命運，而伴侶只能改變你的生活。你可以是知識的主人，活到老，學到老，開心到老。

* **裝扮自己**：每天把自己打扮得漂亮可愛一點，投入地愛一次。大多數女人需要一次刻骨銘心的愛，這樣可以儘早實現情感免疫，也可以為未來的日子留出更多理性的空間。

* **珍視婚姻**：能不錯過婚姻，最好不要錯過。當然一旦錯過，千萬不要將就，找錯人給你和他帶來的傷害可能比不結婚還要大。結婚不是一件必須做的事情，如果是為了父母結婚的話，那就試著去愛妳的丈夫，價格穩定上漲的股票雖然沒有激情，至少不會狂起狂跌，免得你身心憔悴，疲憊不堪。

* **廣交朋友**：要有幾個紅顏和藍顏知己，紅顏知己可以讓你了解和放鬆自己，藍顏知已有助於你了解男人和這個社會。

* **與異性正常交往**：學會跟已婚男人愉快而又不越軌地交流，同時也要學會拒絕的技巧。就當他們是一片美麗的風景，但絕不需要你留下來做園丁，因為那裡園丁已經很多了。

* **有自己的事業**：過了 28 歲以後，要全力以赴做好自己的事業。這時候的你是最累的，既要是個好妻子，還要是個好員工。如果你榮幸地成為了企業中層主管，那恐怕你絕不擔心減肥的事情了。也不是每個人都有這種強烈的事業

感，那至少你可以做一些自己喜歡的事情，哪怕寫點文章。不要只喜歡躺在沙發上看電視和吃零食。

* **放飛的心情**：買一個自己的房子，可住可租。有機會不妨出國旅遊，既放鬆心情又長見識。實在資金不足還可以騎自行車出去看看路邊的風光，好心情是自己創造的。

* **獨立**：一定要做一個獨立的女人。在這個前提下，找個尊重你的好老公，毫無壓力地生活。

* **氣質最重要**：無論如何你都找不回從前的青春感受，看到周圍的年輕人，只有兩個字：羡慕。這時候氣質最重要。氣質離不開內涵，感謝你曾經讀過的書和奮鬥自省、樂觀付出的生活歷程吧！氣質是裝不出來的。

一個人一生面對的事情太多，我們沒有辦法全部列舉。同樣，生活賦予人很多很多的精彩。如果你想盡享其中的樂趣，就必須做一一個經濟上、感情上、心理上和能力上都能獨立的人。你要學會去享受生活，感受每一縷陽光的溫暖，感受每一絲微風拂面，讓你的生活豐富而充實。千萬不要把自己變成一個整天圍著老公團團轉的小女人。要記住，丈夫的成功並不等於你就是一個成功者，女人要擁有自己的想法。

好男人是誇出來的

　　世人對每一個男人的印象，往往來自於他的妻子對他的態度。謙虛的男人是不喜歡自誇的，但如果他的妻子在眾人面前為他吹噓一番，只要他能夠保持一種良好的風度，不但無傷大雅，還會引起人們的濃厚興趣，從而收到意想不到的正面效果。

　　讚美是一種聰明的、隱藏的、巧妙「獻媚」。生活需要真正的讚美來調和，成功需要讚美來填充顏色，成功正是由於讚美才得以更加耀眼照人。而失落時也需要讚美，一次失敗並不是毫無是處，再醜陋的東西也會有美麗的一面。只有認真地發現值得讚美的點點滴滴，人們才能夠看到充滿陽光的明天，世界也正是由於這些讚美才變得如此扣人心弦，攝人心魄。

　　在男女相處中就有了這樣一個原則：作為女性，不要對男人要求得過於苛刻，過分挑剔，更不要拿別的男人和他來比較；應該溫柔地鼓勵他、讚賞他，為他打氣加油，努力尋找他身上的閃光點。當他把一件很平常的事情做得非常圓滿，當他向他的夢想邁出了小小的一步，就可以開始讚美他。這個時候女人的讚美不僅僅是一種肯定，而且是在向他傳遞自信，同樣也增加了自己作為女性的魅力。另外，女人的讚美會改變男人的人生觀和處世方法，讓男人感到他有義務和熱情去更努力地工作，為了家庭，為了妻子，為了以後的美麗人生而努力獲得更大的成功。

著名心理諮詢專家瓦蘇拉曾救助過一個近似廢物的啞巴，他的名字叫艾理。瓦蘇拉每天注意觀察艾理的舉止，並及時對他所表現出的任何良好的言談舉止給予鼓勵和讚揚，對他最微小的健康表現以及他臉上和嘴上的任何一點微小的動作都給予肯定。一點一點，一天一天，奇跡終於出現了。31天之後，艾理能說話了，能大聲讀報刊書籍，而且對90%的問題能正確回答，這就是讚美的力量。

女人除了給男人以自信的鼓勵和讚美外，還應該對男人主動去為家庭做的小事而提出表揚或者口頭感謝。譬如，一對夫婦去郊外度過了一個愉快的晚上，妻子說：「真謝謝你給了我一個難忘的時光。」丈夫送給妻子鮮花時，妻子就可以說：「謝謝你一直記得我的愛好。」晚餐後丈夫主動收拾碗碟，妻子就說：「你辛苦了一天，這麼做真叫我過意不去。」等等。這些都是日常生活中的小事，在丈夫做了以後，妻子表示一下自己的謝意和讚美，他會更加樂意去做，也會從中更加體會到妻子的辛勞和溫情。成功的女人擁有讚美，也懂得讚美；快樂的女人讚美一切值得讚美的事物，也得到了男人的讚美；懂得讚美的女人，也會讚美一切值得讚美的事物。

聰明的妻子務必記住一點：稱讚自己的丈夫，誇耀丈夫的特長，表揚丈夫的優點。好丈夫是誇出來的。

一位先生因為公司裝修需要購進空調，便打電話給一位經銷商詢問空調的功能，恰遇這位經銷商有事不在家，是他妻子

接的電話。她在電話中說：「當然，對於空調，我丈夫是個真正的行家，如果您願意讓我安排，我可以讓他去您的公司看一看，他可以向您推薦最適合您的空調。」毫無疑問，當那位經銷商前往該公司勘察的時候，一定會很成功地談成一筆業務。

一個男人被認為有所成就，是個能做一番事業的人，大都是他的妻子告訴人們的。可是，在當今並非每一個妻子都能夠心懷愛意地在與別人交談時讚美自己的丈夫，反而會不厭其煩地把自己對丈夫的不滿如數家珍般地數落。

某女士就是這方面的「能手」。她的丈夫本是個文人，於是，某女士便成天在別人面前念叨丈夫：弄了一屋子的書，能當吃還是能當喝？根本不會修電視，卻偏抱本書冒充內行，結果把電視越修越糟。好不容易下廚房做頓飯，卻又把雞蛋煎焦了，令人難以下嚥。某女士把丈夫的缺點和不足暴露無遺，結果，她的丈夫在眾人眼裡也留下了書呆子的形象。

人都有一種傾向，就是依照外界所強加給他的個性去生活。我們在生活中也常常會看到這樣的事：對一個小孩子說他很笨拙，他就會變得比以前更加遲鈍；如果讚美他有禮貌，他就會對你「叔叔」、「阿姨」叫得更甜。成人也是一樣，假如像他已經成功那樣對待他，那麼在無意間，他就會表現出超常的能力。因此，每個妻子對自己丈夫的稱讚，都是對丈夫的一種激勵。這比直接教訓的言語，更能推動他滿懷熱情地盡力去把事情做好。反之，如果像某女士那樣一味暴露、責備、埋

怨，只會使男人的意志更加消沉，更加自卑，更加無地自容，更加不思進取，並最終一事無成。

聰明的妻子能夠時時注意到丈夫的長處，還能將丈夫的缺點減低到最低的限度。

女人在讚美男人的時候，要遵循以下四大原則：

* **要有真實的情感體驗**：這種情感體驗包括女人對對方的情感感受和自己的真實情感體驗，要有發自內心的真情實感。這樣女人的讚美才不會給男人虛假和牽強的感覺。帶有情感體驗的讚美既能展現人際交往中的互動關係，又能表達出自己內心的美好感受，同時也能讓男人感受到女人對他真誠的關懷。

* **符合當時的場景**：例如以上對男人的讚美，只需要一句就夠，此情此景此時，要和對方的想法合拍。

* **用詞要得當**：要注意，觀察人的狀態是很重要的一個過程，如果人正情緒特別低落，或者有其他不順心的事情，過分的讚美往往讓對方覺得不真實，所以一定要注重對方的感受。

* **靈敏的感覺**：憑直覺是一個好方法，每個女人都有靈敏的感覺，也能同時感受到對方的感覺。女人要相信自己的感覺，恰當地把它運用在讚美中。如果一個女人既了解自己的內心世界，又經常去讚美男人，相信彼此之間的關係會越來越好。

無論一個男人長的美醜、事業是否成功，他都希望自己在女人的眼裡是最棒的，這是女人藉由讚美贏得男人心的關鍵。

男人的面子最重要

　　你知道當代男人最在意什麼嗎？在最近的一項調查中，當男人被問及這個問題時，都會不約而同地回答「面子」！男人需要面子，男人也最怕失去面子。可見，要想把家庭經營得更和諧，作為女人一定要去維護自己男人的面子。

　　面子，是人人均有的一種東西，是人人都為之瘋狂的東西。不管遇到什麼事情，都得講究面子，參加一個朋友聚會，需要穿得好一點，打扮時髦一點，有風度一點，有氣質一點，有涵養一點，有水準一點，這叫做要面子；請朋友吃飯，要大氣一點，要客氣一點，要大方一點，要灑脫一點，這叫要面子。在面子情結上男人比女人表現得更甚。

　　笑笑是一位能力很好的女人，也是一位聰明的女人。她在某跨國公司做部門經理，賺錢比老公多一倍，老公心裡本來就有些尷尬。但笑笑在家裡絕對不是對老公頤指氣使的女人，也不因為自己比老公聰明而處處顯示自己。相反，她越是在人多的地方越給足老公面子。

　　一次，鄰居因為電腦出現了故障，請笑笑幫忙修理。正好

老公在家，笑笑便對鄰居說：「不好意思，這個我不會呀。」接著她又指著老公說：「我們家有高手。他喜歡鑽研電腦。老公，幫我去看一下吧。」鄰居一聽，忙說：「沒想到這還有臥虎藏龍的？」老公一樂，這些話絕對讓他臉上有光，一下就幫鄰居修好了。

每當與老公一起吃飯，服務員讓笑笑點菜時，笑笑總是望著老公說：「你說呢？」之後對服務生說：「我對這些不懂，還是讓我老公決定吧。」笑笑安安靜靜地吃飯，讓老公掏錢買單，而賺錢多的笑笑背後再給他補充。

這樣丈夫在大家面前既得到了妻子的讚美，又享有充分的話語權和決定權，他怎能不疼愛妻子呢？

每個人活著的方式和理由都是有尊嚴的，而給別人尊重比給他什麼都更重要。特別是對於視面子如生命的男人來說，女人更應該去保護他的自尊心，一定要在外面給足男人面子，不嘲笑男人的任何一種要求或是建議。

香港來的王先生在開了一家餐館，生意很是興盛。一天餐廳打烊時妻子正為一件事大發脾氣，王先生怕挨打，情急之下逃到餐桌底下。恰好這時候有位熟客返回來尋找遺落的東西，正好撞到這滑稽的一幕，王先生處境很尷尬。這時八面玲瓏的王太太急中生智地拍拍桌子說：「我說抬，你要扛，正好來幫手了，下次再用你的神力吧！」王先生順勢下臺階，直誇妻子想

得周到，一場面子危機就這樣在巧言的妻子嘴裡輕鬆化解了。

由此，聰明的女人應該知道，給男人面子就是給自己面子，即使是在家裡也絕對不可以對老公指手畫腳，在公共場合不曝光老公的小毛病。

經常聽到正在喝酒、聚會、聊天的男人當著眾人的面給太太打電話時聲音比平時高些，甚至有的男人還幾乎用吼的聲音說：「好了，我今天晚點回家，妳就別說了，我正在忙，沒事我掛電話了。」

聽到這樣不和悅的聲音，看到這蠻橫的態度，一定會有好事的男人側耳細聽電話那端女人的聲音，此時，作為女人的妳可千萬別動怒。因為對於一個男人來說，面子比黃金還要珍貴許多倍。此時妳若不顧一切地來上一聲河東獅吼，說不定會因此而影響你們夫妻之間的關係呢？既然面子對於男人來說這麼重要，聰明的太太就應該懂得在不違背原則的前提下，給足老公面子。這時你就可以溫柔地說：「我知道了，你忙吧！不打擾你了，少喝點酒。」

若此時你給足了老公面子，等他回到家，他一定會為妳的配合而非常高興，也會想盡辦法來逗你開心，甚至是買給妳自己很久不捨得買的東西！因此，若想讓自己的家庭永遠和諧幸福，永遠溫馨，就不妨給足丈夫面子。

面子到底是什麼？對男人而言又意味著什麼，為什麼他們

這麼愛面子呢？甚至有些人為了面子而上演了一幕又一幕可笑的劇情。

有些人為了面子，一男一女死守著名存實亡的婚姻，痛苦一生；為了面子，你有了家庭，拚了命我也要娶個老婆，合適不合適娶回家再說；為了面子，張家生兒子，我家也必須生一個兒子……

如今，很多人為了面子，而成為房奴、卡奴、車奴，這真的是一種悲哀。但究竟是誰讓這些人成了奴隸？房產商沒有逼迫他們把血汗錢填進他那貪得無厭的血盆大口；銀行沒有強制他們隨意使用那張給自己帶來滿足、虛榮的信用卡。說來說去，無非都是因為面子問題，因為面子，很多人必須住在需要用幾十年甚至一輩子都要還貸款的房子裡；因為面子，有些人幾年來賺到的錢都毫無保留地交給了銀行。但這能說他們有面子嗎？細而思之，這個面子又給自己帶來了什麼呢？它就像一個兩面怪獸，一面寫著笑容，一面露著猙獰；面子又像一柄雙刃劍，既能維護自己，也能傷害自己。這從更深層次上理解不就是人的虛榮嗎？所以，不要被面子所累，不要成為面子的奴隸。

有一位姓張的先生，平時出門總是西裝革履，氣宇軒昂，拉開車門就走。而且最近還在市中心地帶買了一間三房兩廳，30多坪的房子，這讓身邊的很多同事羨慕不已。雖然說有了

車，還有了房，臉上便有了面子，可誰會想到他背後的慘狀呢？買房子交付的頭期款是東拼西湊借的，直到現在家裡還是水泥牆、水泥地，什麼傢俱也沒有，只是在臥室裡有個席夢思床墊。而真正壓得他不敢喘氣的，還是銀行那 3,500 萬的貸款。雖然他的薪資不算低，但算來算去，扣除了銀行和朋友處的借貸及汽車的開銷，剩下的錢，也就夠一個人每天三包泡麵！早上一包，晚上兩包。而他的營養補充，全都依靠中午公司裡的那頓免費午餐了。

　　這個社會就是這麼奇怪，一部分人始終都是面子的奴隸，永遠都無法從面子中得到解脫，一輩子活在虛偽、欺騙的日子裡，沒有自由放鬆的時刻。那麼人應該怎樣活著？說來再簡單不過，只要於社會於別人無礙無損，隨心適意就是了。可若細觀世相，就不難發現，有不少人為了迎合別人，而失去自我，為了爭得面子，成了被面子牽制的木偶傀儡。

第六章
成功男人背後的不平凡女人

　　成功男人背後一定有一個好女人，這句話看起來簡單，裡面卻包涵了很多的意義。男人和女人有很明顯的特徵，這個特徵不僅僅是身體的特徵，還有心理、思維、個性等各方面的特徵。男人的粗獷和女人的細心，男主外和女主內，男人的果斷和女人的優柔等都說明了這個問題。然而大部分人看到的是成功男人的風光，有誰曾想過女人為他所做的付出呢？

成功男人離不開背後默默付出的女人

　　什麼樣的女人才能成為一個成功男人背後的女人？首先，必須有一種常人所不具備的潛能，這種潛能不是她的工作能力，而是在男人打拚的時候，她的一種默默的支持與陪伴。

　　而一個成功男人背後的女人，指的是什麼？就是有一個好女人在他的背後全力去支持，這種支持不是說讓一個女人在經濟或者實際事業上的支持，更多的是指一個女人在精神上的鼓勵。站在男人背後，默默地為男人付出，默默地支持男人，一心一意，用心扶持，無怨無悔。那麼，怎樣才能做好這種鼓勵呢？只有一條：默默地奉獻！

　　小杜出身於軍人家庭，從小受嚴格的教育，酷愛文學和音樂，曾赴美深造，攻讀英國文學，曾擔任過英文教師，之後隨物理學家丈夫小楊移居美國。

　　為了不干擾丈夫的研究工作，她親自開車接送孩子上學，1950 年代初，被當時的科學家們稱為「第二次世界大戰後物理學家最興奮的年代」，小楊正是這個時期成長、發展的。其間，小杜為丈夫的成功付出了許多。1957 年 12 月，獲諾貝爾獎的小羊與小杜一起，前往瑞典斯德哥爾摩參加頒獎儀式。當小楊從瑞典國王手中接過獎時，小杜非常激動，沉浸在無比的歡樂之中。

1981 小杜父親重病期間，小杜數次回國探視、照顧，力盡孝道，直至為父親送終。1986 年小楊首次來臺參加恩師壽慶大典，小杜隨之探親、訪友、會見學生，受邀媒體訪問，她被稱為「成功男人背後的偉大女人」。

演員林鳳嬌。她在 1982 年退出了影壇，之前共演出過 70 多部影片。與成龍相戀之後，她便退居幕後甘當陪襯。常言說：最親莫過父子，最近莫過夫妻。但是此話若用在早期的成龍與林鳳嬌和兒子之間，就有些略顯不足了。當時林鳳嬌和兒子是成龍未能公開的隱祕，所以就難免缺少正常家庭常有的天倫之樂。

每個小孩子在上學的時候，都喜歡炫耀自己的爸爸是做什麼的，可是房祖名就不能說，而且父子倆每天見面的唯一機會，都在半夜以後了。

林鳳嬌成了成龍的地下妻子，房祖名也成了成龍的祕密兒子。鑑於當時成龍的旺盛事業，為了維護成龍受影迷的愛戴，林鳳嬌母子就默默地付出……

有人曾這樣說過，如果你遇上一位真正為你默默付出的女人，這樣的女人你要珍惜一生，這樣的女人，不需要多，一個就夠了。

而很多的成功案例也向我們證明：一個成功的男人後面少不了一個默默支持的女人。男人需要女人的保護。也許在男人的心裡，事業比什麼都重要，但很多人往往忽視了一個問題，一

個人在社會上的成功必須付出全部的努力，去勝過他人，成就自己，而這樣往往就會忽視女性的感受。在他攀上成功之巔之前，將家裡的女性拋在一邊，冷落和忽視以前的愛人，從而可能造成不可彌補的傷害。但如果男人仔細回頭去想一下，就會發現，每當你遇到困難的時候，只有她們才是你的精神支柱，才是給你力量的源頭。她們默默地全身心地支持你、關心你、安慰你、鼓勵你的時候，你是多麼的高興，多麼的自豪！其實她們就是一個後勤部，時時刻刻注意自己主力部隊的需要與動向。所以男人千萬不要忽視女性，應該重視女性、保護女性、愛護女性、關心女性、尊敬女性，這才是一個成功男人的準則。

在一個男人事業輝煌的同時，如果能娶到一個為自己默默付出的女人，這是一個男人的幸運。因為好女人是一種鞭策，能夠成就一個男人。

成功男人背後的好女人

上帝用他那神聖之手創造了平凡的男人、女人，而男人、女人又用自己樸實的雙手譜寫了自己不平凡的人生，李嘉誠的妻子莊月明就是這樣一位不平凡的女子。

如果說馳騁商場的李嘉誠以準確的預測能力，敏銳的眼光聞名國際商界的話，那麼值得一提的另一位目光敏銳者，便是博學的莊月明。是她在李嘉誠身無分文的時候發現了他的巨大

潛力，而且不論是在李嘉誠輟學的時候，還是在李嘉誠艱苦創業的時候，莊月明都是李嘉誠最忠實的支持者。

莊月明周圍了解她的朋友都這樣稱讚她：「李夫人與李先生結婚後，立即參與長江實業，共同推動公司業務進一步向前發展。雖然長江實業當時已經具備相當規模，但由於李夫人全力協助，長江實業在股票市場一上市，業務就蒸蒸日上，一日千里。」

不僅如此，任長江實業執行董事的莊月明，在工作上勤勤懇懇，十分默契地配合李嘉誠，在公司的重大發展規劃上，也常常為李嘉誠出謀策畫。

尤其是在李嘉誠事業有成的時候，莊月明又利用自己在接受高等教育期間所獲得的專業知識，輔助李嘉誠完成他的宏基偉業。

當然，李嘉誠永遠不會忘記莊月明對他所付出的真摯無私的情愛。直到今天，李嘉誠還常常感慨地告訴身邊的朋友：「月明受過良好的教育，婚後在事業上為我出謀策畫，給予我很大的幫助。不僅如此，她把家裡的事情都處理得井然有序，使我完全不用為家裡的事情操心，能夠集中全部的精力應付事業上的各種問題。這是我最要感謝她的地方。」

有人說婦女能頂半邊天，有個作家說男人的一半是女人。

其實，在當今社會，雖然高喊著男女平等的口號，但唱主角的依舊是男人，女人猶如一座深藏的寶藏，遠遠沒有被發掘出來。但不可否認，伴隨經濟全球化，知識經濟等諸多積極因

第六章　成功男人背後的不平凡女人

素的影響，女性的人生舞臺得到了極大的開拓，其修養意識、交際意識、家庭意識等迅速強化。她們渴望得到社會的認可；渴望發揮自身潛力；渴望魅力四射，展示自我；渴望獨立進取，事業成功；渴望婚姻美滿，人生幸福。畢竟，在這個變革的時代，女性的成功機會越來越多。

人們常說「成功男人的背後一定有個好女人」，這句話說得很有道理，但要知道不僅成功男人背後需要有一個好女人，成功男人背後更需要一個對他事業有幫助的不平凡女人，她會促進男人事業的發展。

所以說，在當下社會的大舞臺上，女人要從幕後走向臺前，要從默默無聞的「跑龍套」到男人唱來我也唱，要從無奈地看著自己的命運由別人支配到「我的地盤我做主」。我們常常說，不平凡的男人身後應該有一個不平凡的女人，在他擔任男主角的同時，作為他身後女人的你也應該走到臺前展示自我，也要擔任女主角。

維納斯是從神話中走出來的完美女人，她擁有超凡的能力，她能得到想要的一切，古羅馬以來，維納斯成了魅力女性的典範，她代表女性的美麗和成功。

其實，我們每一個女人都是潛在的維納斯，每一個女人都是強大的、有所作為的，作為成功男人背後的成功女人，或許你能有更深刻的體驗。但做不平凡的女性，千萬不要患上「女強人綜合症」，要在兼顧事業的同時，兼顧自己的家庭。研究

家庭問題的專家說：「越來越多的女性走出家庭，但她們在家中的職務並沒有減輕。」這就是女人的不平凡。

商海沉浮，搏擊風浪，官場風雲，你昂揚著，此時的你無疑已經走在了成功的道路上。而作為女人，你更應該發揮自己的不平凡的優勢，做個成功男人背後「不平凡」的女強人。

成功男人，偉大女人

做女人難，做一個不平凡男人背後的不平凡女人更難。身為一位女性，妳首先要具備勤勞維護婚姻和家庭的心，其次要具備幫助丈夫開拓事業的心，而這樣的女人一定是一個不平凡的女人。這樣的女人既可以增長丈夫的自信與事業，不斷為老公加分；同時還可以使夫妻之間心順家和，萬事興盛。

曹操是中國東漢末年著名的軍事家、政治家和詩人，三國時期魏國的奠基人和主要締造者。而他的成功與其身後偉大的女性是分不開的。這個女性就是曹操的妻子 —— 卞氏。

卞氏貌美、標緻且淑雅、莊重。青年時來譙做歌舞藝伎，20 歲時被曹操納為妾。卞氏為其生有四子：曹丕、曹彰、曹植、曹熊。

189 年卞氏隨曹操至都城洛陽。九月，董卓亂京、專擅朝政，推舉曹操為驍騎校尉。董卓乃亂臣賊子，曹操非但不就，是夜祕密和一僕從微服東出，欲起兵討董。此時曹操左右人等

見曹出走。均怕被董卓加害，紛紛欲散夥回家。卞氏則鎮靜地勸說眾人：「曹君吉凶未可知，今日你們逃回家，以後如果曹操回來，你們有何面目見他呢？如果今天真有大禍臨頭，我和大家一起死也沒有什麼可怕的！」看到一個女子能有如此的膽魄，於是，大家聽從了卞氏的安排，一切偽裝正常，為曹操逃離爭取了時間，曹操走脫後卞氏方安排眾人神不知鬼不覺離開洛陽回譙。

　　卞氏不僅臨危不亂，而且為人寬容。楊修是曹植的好友，為幫曹植與曹丕爭太子位，平日裡常出些餿主意。曹操早有覺察，遂嚴令：不得私交諸兒。但楊修並沒有就此而有所收斂，仍然一意孤行……最後，曹操便以「漏泄言教」罪，寫信令守長安的曹彰殺了楊修，並同時寫信告知其父楊彪，以示歉意。卞氏也給楊修的母親袁氏寫了一封言辭懇切的信：「卞頓首……聞之心肝塗地，驚愕斷絕，悼痛酷楚，情不自勝。夫人多容，即見垂恕。故送衣服一籠、文絹百匹、房子官錦百斤、私所乘香車一乘、牛一頭……」除表示哀悼，贈物慰問外，還說楊修是咎由自取，奈何軍法？以寬袁氏的心。這封信是夫唱婦隨，還是在曹操授意之下寫的？至少此事反映了卞氏的寬厚為人及惻隱之心。

　　同時，卞氏也節儉成性，不尚華麗。據史料記載：「后（卞王后）性約儉，不尚華麗，無文繡珠玉，器皆黑漆。」她和身邊的人一樣，平時吃的也都是一般的蔬菜米飯，沒有富人家常吃的魚肉。國用不足，為節省國家開支，卞氏主動要求降低自

己的伙食標準。她常向娘家族人說：「居處當務節儉，不要希冀賞賜。你們會怪我大薄情是吧？可我自有為親的度數。我侍奉曹君四十餘年，節儉行事，早已養成了習慣，不會因你們再變為奢侈的。」初，其弟卞秉任別部司馬，嫌官位低、財產少，對曹操常有怨言，經曹操、卞氏多次勸慰，秉「官不移，財亦不益（增）」。直至曹丕執政，才為舅舅（官至昭烈將軍）蓋了府第。第成，卞王后幸第，設下廚招待諸位親朋，竟無異膳。

曹操分得數具婦女名貴的裝飾品，曹操便令卞先選一具好的留給自己，然後再分給各房夫人，可卞卻拿了一具中等的。曹操詫異：「何故？」卞卻答：「取其上者為貪，取其下者為偽，故取其中者。」

史書記載曹操「……雅性節儉，不好華麗，後宮衣不錦繡，侍御履不二彩，帷帳屏風，壞則補納，茵蓐取溫，無有緣飾。攻城拔邑，得美麗之物，則悉以賜有功；勳勞宜賞，不吝千金，無功望施，分毫不與；四方獻禦，與群下共之……」曹操在節儉、廉潔行事方面對卞氏影響是很大的。曹操娶納 13 個老婆，共生了 25 個兒子、23 個女兒，還收養了四五個孩子，生母早亡的孤兒也都交卞氏撫養長大。為不在社會上造成壞的影響，曹操不得不對後宮下達一項項《內誡令》。每項誡令，卞氏在後宮都帶頭遵守。在她的影響和帶動下，後宮形成了一種節儉、廉潔的風氣。

曹操立卞夫人為王后，為表彰她的為人，特下了一道策文：

第六章　成功男人背後的不平凡女人

「夫人卞氏，撫養諸子，有母儀之德。今進位王后，太子、諸侯陪位，群卿上壽，減國內死罪一等。」

長久以來，卞氏正於內，使曹操專心致力於治理國家大事。

人世間有這麼一種偉大的女人，這種女人站在男人的背後，她默默地為男人付出，默默地支持男人，無怨無悔，不求回報。誠然，大部分成功男人背後，都有一個或精明能幹或溫柔賢淑的女人藏於幕後，以女人特有的細膩、智慧、堅忍，默默支持著臺前的財富英雄。鎂光燈閃過，這些女人其實已經收獲了莫大的成就和幸福。

在生活中，這樣的女人身上擁有一種潛能，這種潛能會喚起男人異乎尋常的力量，使男人變得無畏與崇高，增強了男人毫不退縮的剛強勇氣，使他們能抵擋住逆境中最劇烈的衝擊。這是一個女人幫助男人走出困境的保障，也是一個女人成就一個成功男人的巨大潛能。

當然，現代女人因為教育程度的提高，工作的平等，有了經濟的自主權，所以有自己的想法、主見、生活方式，可以活出自己，也有了自己的事業。但男人背後總離不開女人，尤其是一個成功的男人，在商場上、在事業上叱吒風雲，在公司霸氣獨尊，每個人都怕他，然而，即使是這樣的一個強勢男人，依然需要一個說明他穩定家庭後方的女人。因此說，成功男人背後的女人缺少不了「偉大」這個詞的形容。

最能助男人一臂之力的「社交紅娘」

　　幫助丈夫做好人際交往工作，為丈夫的事業做好鋪墊，也是作為成功男人背後女人應該具備的一種職能。許多男性一心努力在事業上，工作異常繁忙，因而沒有時間與他人經常進行溝通和交流，無法建立牢固的、和諧的人際關係。而對於身邊的妻子來說，要深深明白人脈對於自己丈夫成功的重要性。因此，做丈夫的社交紅娘，向他人表示友善與和氣，利用各種機會，說明丈夫顯示才華，讓他人欣賞自己的丈夫，並願意在關鍵時候幫助自己的丈夫獲取成功。

　　妻子的社交才華對於一個男人的成功有著重大的作用，因此，每一位妻子都有責任訓練自己，完成自己丈夫事業上所需要的社交能力。無論丈夫的職業是什麼，妻子如果有能力幫助丈夫，並且對社交有足夠的適應力，就可以使丈夫成功的機會大大增加。

　　如果妻子天生就有這種能力，那就更加完美了。如果沒有，她就必須學會這些能力。

　　美國某州的州長，曾多次公開表示，他成功的最大原因，是娶了個機智、有教養和迷人的妻子。原來他聲稱自己「遠在天邊的海外」，在一個大城市貧困的移民區裡長大，「如果我娶了個鄰居的女孩子，」他說，「我將懷疑自己是不是會有自修的

動機而在世界上出人頭地。我的妻子，感謝上帝，她有著我所缺乏的每一件東西。她有教養、有身分，不管我的工作是需要我們周旋在皇親貴族之間，還是到受著不平等待遇的人群裡，她都可以適應。」

　　但是由於歷史原因，不少女性對交際問題在認識上還是存在著偏頗。尤其是成功男人背後的女人，她們多數認為丈夫在外面是風雲人物，而自己在家相夫教子，這是華人婚姻中最理想的狀態。有的人認為，作為成功男人背後的女人，只要打扮得光鮮亮麗，在社交場合不丟老公的面子，就可以了。還有的女人認為，自己的丈夫如此成功，似乎不需要自己再插足。所以，自己在一定的場合會說適當的話就可以了。其實，這些都是女性對社交處事的一種誤解。

　　作為成功男人背後的女人，社交處世對她們來說，是自己的身分與魅力的象徵。事業是男人的生命。而在男人追求事業的成長過程中，作為男人的另一半 ── 女人，不僅要扮演好自己賢妻良母的角色，同時還要扮演好自己社交能手的角色，做男人巧織關係網，溝通同事、上司和親人關係的潤滑劑。對於男人尤其是成功男士來說，關係網是他們社會交往活動中的重要組成部分，是男人事業成功的保證。所以，在一定程度上來說，男人希望女人能與自己周圍的朋友、同學、同事等保持良好的關係，希望能與家人和親戚和睦相處，更希望女人能協助

自己經營好關係網，成為自己事業上的好幫手，拓展男人生活的視野，讓男人了解周圍所發生的一切，並提高其傾聽和交流的能力。

因此，作為成功男人背後的女人，要學會幫助男人建立良好的關係網，讓自己長袖善舞的交際能力為丈夫贏得好人脈、好專案，為丈夫的事業開拓出一片良好的景象。

最勤奮的「經紀人」

「經紀人」是市場經濟的產物。在發展經濟，促進流通，繁榮市場等方面發揮著明顯積極的作用。經紀人有別於其他商家的生存方式，而且由於資訊來源的多樣性，使經紀人在解決商品供求矛盾方面具有獨特的功能。按《辭海》的說法，經紀人是買賣雙方介紹交易以獲取傭金的中間商人。一般來講，經紀人係指為促成他人商品交易，在委託方和合同他方訂立合同時充當訂約中間人，為委託方提供訂立合同的資訊、機會、條件，或者在隱名交易中代表委託方與合同方簽訂合同的經紀行為而獲取傭金的依法設立的經紀組織和個人。

然而，做成功男人背後的女經紀人，卻與我們前面所說的「經紀人」有著本質的不同。因為，我們所說的經紀人是在一對夫妻中，妻子如何扮演好丈夫的經紀人角色。所以兩者是不同的。

第六章　成功男人背後的不平凡女人

　　作為成功男人背後的女人，不僅要管理男人的日常生活，要照顧家庭，而且還要懂得在丈夫的財政開支方面做好丈夫的經紀人。

　　因此，作為成功男人背後的女人在做好其他角色的前提之下，更要做好經紀人的角色。這樣既有利於丈夫的財政支出，同時也對丈夫的財政後援有一定的保障。

　　其實做成功男人背後最勤奮的經紀人，就是對「成功的男人背後的女人」這種說法做重新詮釋。試看，在當代社會，對於成功男人而言，他們每天都可以有一個女朋友，但一定有唯一一位在事業上能幫助他的女人。

　　這種說法首先在一定程度上提升了女性的地位，從字面上理解，女性已不再是站在男人的背後；其次是做成功男人身邊最勤奮的經紀人，這也證言了女人不是「黃臉婆」，肯定了女人的能力，女人可以在事業上幫助她的男人。也許看到這裡，有人會說，這個女人可能是一個祕書，一樣可以在事業上幫助這個男人。但祕書不是唯一，隨時會辭職，隨時可以換，而「唯一一位在事業上能幫助他的女人」強調了這個女人是他的唯一，無論他是成功還是失敗都不離不棄，我想男人身邊的這個女人不僅能在事業上幫助他，而且能在生活上體貼入微地照顧他，保證她的男人有足夠的力量在商場或政壇上打拚。生活是事業的強大後盾，這也是幫助他事業成功的一個表現，也是女

人的一個天性，更是做最勤奮經紀人的一個新標準。所以，作為妻子的你就應該鼓勵自己做一個最勤奮的經紀人。

最優秀的家庭教師

除了「相夫」，女性更為重要的一項任務便是「教子」。一般來說，母親與子女接觸的時間較長，因此對孩子將來的成功也有著至關重要的影響。古今中外，有很多偉人名人都曾受到過母親的薰陶，所以說，女性承擔著上天所賦予她們的一項神聖而艱巨的任務 —— 充當家庭教師。

孟子是戰國時期著名的思想家、政治家、教育家，著有《孟子》一書，歷史上有「亞聖」之稱。而孟子能夠成為「亞聖」，能取得在中國封建社會正統思想體系中僅次於孔子的地位，多得益於他的母親。

孟子早年喪父，他的母親克勤克儉、含辛茹苦地撫育兒子，日子過得很艱苦。但母親對孟子從慎始、勵志、敦品、勉學以至於約禮、成金，幾十年如一日，絲絲入扣，毫不放鬆。她既成就了孟子，也為後世留下了一套完整的教子方案，她本人也成為名垂千秋萬世的模範母親。

孟子取得的成就與母親的早期教育密切相關。

孟子的母親深知「近朱者赤，近墨者黑」。孟家原在馬鞍

山下的一個小村子裡，屋後的小山包上有很多墳塋，村中兒童追逐嬉戲，會經常看到喪葬的情形。

一天，孟母看到孟子和三五個小朋友在模仿大人們的禮儀，扮演喪葬的過程，她看在眼裡，痛在心裡。她想，孟子這樣下去不行，可是總不能把一個活潑好動的孩子關在家裡，只有改變居住環境了。

經過一番周折，孟家母子搬到了十公里外一個名叫廟戶營的小村。這裡是一個小型的交易集市，每隔幾天，附近的百姓們手拎肩挑一些自己家的土產來到集市交易，討價還價之聲不絕於耳，非常喧囂熱鬧。

這場面對換了環境的孟子來說更有吸引力，耳濡目染，孟子也和其他小朋友們學會了錙銖必較的模樣。孟母還是放心不下孟子，思前想後，還是決定再搬一次家。

孟母不想讓兒子成為一個默默無聞的人，也不屑於兒子沾染上錙銖必較、唯利是圖的市儈之氣，她一定要為兒子選擇一個好的成長環境。她第三次又把家遷到了離鄒城學宮不遠的地方，雖然房子破舊一些，但是孟母還是帶著兒子安安心心地定居下來了。

因為在那裡，孟子從小接觸的就是學者，耳濡目染，孟子長大後，就學習了禮、樂、射、御、書等，為以後成為著名的學者打下了堅實的基礎。

孟母不但重視外界環境對孩子的影響，而且還深知「父母是孩子最好的老師」的道理，非常注重自身對孩子品行、人格的教育。

在孟子讀書時，有一天放學回家，看見母親正在織布，便扔下書包，準備出去玩。

母親叫住了他，問道：「學得怎麼樣了？」孟子漫不經心地回答說：「還不是和過去一樣。」孟母見他一副無所謂的樣子，便拿起剪刀，一下子把織好的布剪斷了。並且告誡他說：「你荒廢學業，就像我織布一樣，現在布沒織完而從中間剪斷，就永遠不會織成一匹完整的布。必須將紗線一條一條織上去，經過持續不斷的努力，積絲才能成寸，積寸才能成尺，最後才能織成一匹完整有用的布。讀書也是一樣，要努力用功，並且持之以恆，經過長時間的累積，才能有成就。否則就像織布半途而廢一樣，一旦前功盡棄就毫無用處了。有德行的人學習是為了樹立名聲，是為了增長知識。有了學問，將來你就能平安無事，做起事來就可以避開禍害。你現在如果荒廢了學業，將來就不免要做很苦的勞役，而且難於避免禍患。」

孟子聽完母親這番教導，受益很深，從此由早到晚勤學不止，後又拜子思為師，終於成為天下聞名的大儒。

孟母晚年，身體仍十分硬朗，對孟子的督教也從未放鬆過。孟子也十分敬愛母親，他除了周遊列國那一段時日以外，

大多數的時間都留在老母身邊。為了母親他不忍遠離故國謀求更大的發展，只是在齊國擔任了一個清閒的教授職務。

光陰如梭，倏忽之間，三十年歲月過去了。此時的孟母已年逾古稀，而孟子也已過知天命之年了，他為自己整日無所作為，長吁短嘆，悶悶不樂。孟母知道原因後，又對兒子說出了一段千古名言：「夫婦人之禮，精五飯，審酒漿，養舅姑，縫衣裳而已矣。故有閨內之脩，而無境外之志。故年少則從乎父母，出嫁則從乎夫，夫死則從乎子，禮也。今子成人也，而我老矣。子行乎子義，吾行乎吾禮。」

幾句話就使孟子心中豁然開朗，於是孟子收拾行囊，準備再次周遊列國。這次孟子的遊歷受到了各國人民空前的尊敬與歡迎，可惜就在孟子揚眉吐氣的時候，孟母卻赫然辭世了。在歸葬故鄉──馬鞍山時，鄉鄰們爭相在路旁祭奠，對這位偉大的母親極盡哀思。

孟母是一位偉大的女性，她的偉大之處又豈止「精五味，審酒漿，養舅姑，縫衣裳」和「三從之道」，她更重要的是能在兒子的各個成長階段，給予不同程度的教育。

中國家庭傳統的觀點是男主外女主內，也就是說男人一般都是從事外面的工作，比如賺錢養家，而女人則從事家裡的工作，相夫教子，孝敬父母。所以，在一個家庭中，母親對孩子的教育是一個孩子成長的關鍵因素。

但如何使孩子成才，這對於很多母親來說並不是一件簡單的事情。用流行的話來說，良好的智力因素和良好的非智力因素缺一不可。「人才」是「人」和「才」的高度融合，須先成「人」，方能成「才」。如果說智力因素是成「才」的基礎，那麼我們可以毫不誇張地說，非智力因素是成「人」的關鍵。不成「人」，何以成「才」？高分低能現象我們已經領教得夠多的了。

人非生而知之，成才依賴於教育和培養。而家庭教育、學校教育與社會教育是教育和培養的三大支柱。其中，家庭是「人才」的第一驛站，是孩子健康成才的「第一課堂」。母親則是孩子的第一位教師和終身教師，可以說孩子在今後的一切成功取決於母親的啟蒙。家長的一個不經意的舉動甚至會影響孩子的一生，母親的教育觀念和方式，將會在孩子身上呈現出結果。所以，孩子將來會成為什麼樣的人，決定性的因素是母親所賜予的。並不是說父親在孩子的教育中沒有影響，而是說母親在孩子的教育中所占的影響比例較大。

法國作家巴爾札克說過：「決定未來的是孩子，決定孩子的是母親，民族的未來掌握在母親的手中。所以，一個孩子的成功離不開一個母親的教育，做母親、當家長，任重而道遠。」

成功男人背後必有賢妻

　　三國時期的劉備有位甘夫人，就是一位賢良的女人。劉備駐守徐州時，聞甘氏豔名，便納為妾。後來劉備的原配夫人糜夫人早逝，劉備便扶正甘氏做了夫人。連亡命途中，劉備也與甘夫人時刻不離。後來，有人獻給劉備一個精巧的玉人，高三尺，栩栩如生，光彩照人。劉備愛不釋手，便把玉人放在甘夫人房間裡。在他看來，眼下自己有巴蜀這塊地盤，而且外事內政有諸葛亮這位丞相張羅，不用他操心，於是常常擁著甘夫人玩味玉人，口中還念念有詞道：「玉之可貴，德比君子，況為人形，而不可玩乎？」如此一來，國事倒成為次要的了。這可急壞了甘夫人。她想，劉備要是一味這樣下去，復興漢室基業何以成功呢？

　　甘夫人知道，劉備經過長期努力，才由一文不名的販夫而擁有了西川，建立了蜀漢政權。這固然可喜可賀，但目前的這份基業還只是個開始，應更加努力，發奮圖強才是。但是今觀劉備，自從建立蜀漢政權以來，玩弄玉人，意志消沉，大志即將磨滅。長此以往，哪裡還能展現他原來囊括四海、復興漢室的宏願呢？面對這種情況，甘夫人不能不為之憂慮。她幾次想諫言，但畢竟自己又是不參政的婦道人家，不好直言。

　　後來，聰明的甘夫人想到了一個辦法。她從玉人本身觸發

靈感，想到了春秋時期「子罕不以玉為寶」的典故，於是以此為
諫詞，借古諷今來說服劉備：「古代宋人得一玉石，獻給宋國的正
卿子罕。可是子罕不但不接受，連看都不看一眼。獻玉的人說：
『此玉呈玉人狀，是一塊稀世之寶，故而才敢奉獻給你。』子罕卻
說：『我平生以不貪為寶貴，你是以玉為寶貴，若是將玉贈送給
我。那麼，你我都丟失了寶貝。你丟掉的是寶玉，我丟掉的是廉
潔這塊寶。』所以子罕不以玉為寶，在春秋時期傳為佳話。」

　　當劉備聽得津津有味之時，甘夫人又說：「現在曹操、東
吳都未消滅，陛下你卻以一塊玉石玩乎股掌，你可知道，凡是
淫、惑必生變，千萬不可長此以往啊！」

　　古人云「人生四大幸事，以妻賢排頭位」，可見女人賢慧
的重要性。在成功學上，有一個理論：一個人如果擇偶失敗，
將導致事業失敗。的確，周作人有一個論點非常精闢：「欲了解
一個男人的道德修養，最好的辦法就是看他的『婦女觀』。」
由於婚姻關係，在一起朝夕相處生活的夫妻，相互的影響很
大，所謂「近朱者赤，近墨者黑」，就是這個意思。跟著什麼
樣的人生活在一起，久而久之，潛移默化，一方面各種性情、
習性甚至愛好都會在不知不覺間浸入到另一方的各個方面。還
有一個怪現象，通常情況下，女人對男人的影響很深遠，而男
人改造女人的可能性卻較小，這話也許有些偏激，但總體來
說，的確就是這樣。

所以，一個女人是否賢德，對於一個成功的男人來說，這是很重要的。因此，要找一個終身伴侶，就要找一個對自己事業上有幫助的妻子，這樣的女人具有以下特點：

＊ **要善良**：其實，無論外貌如何的女人，最重要的個性都應該是善良，如果一個女人嚴重缺乏良知和同情心，自私入骨，甚至冷血惡毒，將來必定是男人一生的禍患。人常說：「女人因善良而可愛，因可愛而美麗。」善良的女人總會讓人感到親切和溫暖。一個心地善良的女人，無論她什麼身分，無論是美還是醜，都值得我們尊敬，都是值得我們用一生去愛的賢妻。

＊ **要溫柔**：溫柔是母性的展現，女人的溫柔體貼會讓男人活得更瀟灑陽剛，更會讓婚姻多一分美滿，少一些遺憾。一個不溫柔的女人根本談不上善良，就算她有傾城傾國的美貌，再加上一百個優點和一千種特長，也絕不是可愛的女人。

＊ **要寬容達理**：知書達理，是有教養、有內涵的表現。這樣的女人對人有禮貌，尊重長輩，尊重親友，識大體，顧大局，在別人面前懂得維護你的尊嚴，不插足別人的閒話，不會在背後說壞話。尤其是婆媳關係，她會通人情、曉世故，帶來的必定是舒適而和睦的家庭環境。

＊ **要心智成熟**：成熟的心智，有做人的準則，能明辨是非，做人做事能言行一致。作為一個將要擔負家庭責任的女人，

她應懂得怎樣做好妻子、母親，懂得控制自己的行為和情緒，懂得和人正常溝通，心平氣和地講道理，而且能支援你事業的發展。她更懂得愛情、家庭的含義，懂得怎樣共同面對眼前或將來的困難。

第六章 成功男人背後的不平凡女人

下篇
好男人成就幸福女人

第七章
幸福女人的背後都有一個好男人

　　男人能征服千軍萬馬，但不一定有一顆能征服平凡女人的心；女人能抵禦一切欲望的產生，卻難以抵禦一絲委屈入侵心頭。女人的眼淚流入男人的心田，能澆灌乾枯的原野；男人的怒氣吹進女人的心坎，會摧殘參天大樹。一個女人找對了男人，便走上了一條追求幸福的捷徑。

一個好男人能成就一個好女人

俗話說：男怕入錯行，女怕嫁錯郎。一個女人的生活品質的關鍵在於她選擇了一個什麼樣的丈夫，選擇了一個男人就等於選擇了一種生活。

男人對一個女人的影響是無法估量的。因為，男人與女人一生相依、朝夕相處，他是女人最親密的夥伴，最貼心的伴侶。女人選擇什麼樣的男人做伴侶，不僅對家庭有很大影響，而且可以說對女人的一生都有很大影響。一個好的男人能成就一個女人，一個壞的男人會毀掉一個女人。

在 20 世紀，對中國最具影響力的女人當中，「宋氏三姐妹」：宋藹齡、宋美齡、宋慶齡是最顯耀的姐妹組合。她們對 20 世紀的中國擁有不可思議的影響力，在一定程度上影響了中國的歷史進程，也因而成為世界關注的焦點。

在她們三人成長的過程中，父親宋耀如對她們的教育、栽培決定了她們以後的發展道路。宋耀如把 3 個女兒都曾送到衛斯理女子學院讀書。後來，這所女子學院也因培養了宋氏三姐妹而遠近馳名。雖然三個女兒都留學國外，但宋耀如經常會寄去書信與剪報資料給她們，向她們介紹最新的上海情況，推薦有關的中國歷史書籍，鼓勵她們要自己努力。她們也從父親的信中得到了啟示和力量，各方面都有了很大的進步。但在她們

的一生當中，最具影響力的還是她們各自的婚姻。

宋慶齡因不顧父母反對，毅然決定與流亡中的孫中山結婚，以堅定的步伐毫不猶豫地跟隨孫中山踏上捍衛共和制度的艱苦鬥爭歷程。她為中國民主革命的勝利和中國的發展建立了不朽的功勳。她是中國女權運動的先驅和領袖，並開創了中國的社福機構。

宋美齡與蔣介石結婚後，面對的是一個連年戰亂、政情詭譎的中國。1936年，西安事變驚爆中外，蔣介石遭張學良扣押，在上海養病的宋美齡親赴西安協商，促使事件和平落幕。對日抗戰期間，宋美齡親赴國外參加演說，募捐資金支援中國抗日戰爭，邱吉爾對她的評價是：「這位中國女人可不是弱者！」她還親自參與空軍整建，投入婦女組訓和兒童保育工作，她是中國歷史上最活躍的第一夫人。然而，隨著蔣介石失去大陸政權後，宋美齡也失去了展示才能的舞臺。

宋藹齡作為宋氏家族的一代掌門人，雖在國民政府裡沒有任何公職，但卻聯姻孔祥熙，善於積財，富甲天下。

「如今的女孩沒錢了怎麼辦呢？很簡單，找個男朋友啊！」連經濟學家也認為：找個男朋友，是女孩很好的生財之道。所以，嫁給有錢的人，嫁給位高權重的人，嫁給有家境的人，嫁給有知識的人……女孩的這些婚嫁觀都沒什麼錯，在婚嫁這件事上，有要求有理想總比沒要求沒理想要慎重務實，也較容易

實現。問題的關鍵是：什麼樣的人生對女人來講才算是成功美滿的人生呢？在「我要嫁給誰」這個問題的背後，還隱藏著「我要成為什麼樣的女人」這樣的問題。

現在，女人想要屬於自己的成就，擁有自己的名號，而不是某某家眷或某某夫人。不僅不願被消耗剝削，女人還有了更加擴張的思考：這個男人能幫我嗎？

能幫助自己朝著夢想前進的人，用習慣的名詞來說，就是所謂的「貴人」。但值得注意的是：這裡所談的貴人並不是指有錢有勢的豪門男人。一個獨立且合理的女人期待的貴人不一定要有錢有勢，重點是能提供「心靈的能源」，可以支援女人做自己想做的事，協助女人克服障礙，不論是在任何方面。

聰明的女人、經驗豐富的女人都會擁有一套適用於自己的好男人評估法。但生活中那些總是得到貴人協助的女性，其最重要的祕訣卻是：自己要有執著的目標。「像一部朝目標賓士的列車，所有的男人對你的好感都會變成你的能源！」

她們的貴人通常具有一些共性：首先，他是一個願意成就女人的男人。他的到來為生活帶來了切實的好處。他不是那種跟女人同聲同氣的男人，但他的意見會在生活中發揮作用。他不是一個徹底拒絕做家事的人，相反，他很懂得為家人適當做出犧牲。對有方向的她，他提供助力；對沒方向的她，他提供方向。他比較成熟，對生活也有一些了解，對社會更是認識頗深。

這樣的男人喜歡有動力、有理想的女人。跟這樣的女人過日子，他覺得充滿挑戰，非常有意思，從而，他不介意犧牲點自我。他是一個追求美好的男人，整潔、和順，他給人一種不斷向上的動力。他拿得起，放得下，從不畏懼困難和挫折。他是一個勇於改進自己、改善生活的人，但是心胸坦蕩，知錯就改，決不為面子放不下身段，自始至終追求美滿生活。都說一個成功的男人背後會有一個女人，但事實也說明：一個成功女人背後也必將有一個提升她的男人。

好男人任何時候都尊重女人

男人尊重女人，其實就是尊重男人自己的本色，自己的形象，自己的風度。從內心來講，女人們不喜歡動不動就張牙舞爪的男人，而喜歡總是能保有某種程度禮節的男人。

男人要學會尊重女人，就要做到：

女人很看重自己的穿衣打扮，當一個女人讓你看她新做的髮型或新買的衣服時，你一定要說「好看」。即便你覺得「不好看」，也不要當面說出來，否則會傷了她的心。

女人天生就害怕變老，對任何一個女人，都不要說她已經變老。因為被人說老，是每一個女人都不堪忍受的一種侮辱。

在豪華的餐廳中，當參加聚餐的女人進入時，在座的男人

要站起來迎接。並接過她的外套掛好，然後再為她拉出椅子，請她入座。

在社交場合，男人不能主動伸手去與女人握手。只有女人主動伸出手時，男人才能輕輕一握。這不僅表現出了你尊重女人，也避免自己被罵成是好色之徒。

男人天性不喜歡逛街、購物，如果和女人外出購物時，男人一定要耐心，並且把提東西看成是自己義不容辭的責任。

在沒有人行道的道路上行走時，男士要走在左邊，讓女士走在右邊。因為左邊緊靠馬路中間和來往車輛，這樣才能保障女人的安全。這也充分地體現出男人的勇敢、可靠。

走進餐廳或商店時，男人要搶先一步為同行的女人開門。如果陌生的男女同時出入或上下電梯，也要儘量「女士優先」。

在宴會中，男士們倒酒之前，要先問在座的女士喝什麼酒或飲料，然後拿杯子幫她們先倒上。女士如果說自己不能飲酒，男士絕對不能強勸。

乘計程車時，男人應該先上車。因為最先上車的人，必然坐在最裡面，既不方便，又容易把衣服弄亂。

在上下樓梯時，男士應該站在女士的下一個臺階。因為女士搖搖晃晃或滑倒時，男士可以適時在下邊幫助。乘手扶電梯時，男士也應該站在女士的下側。

當家裡的女人嘮嘮叨叨的時候，男人最好不要出聲，更不

能怒目相向。讓她說完，她的氣就消了。因為家是「講愛的地方」，而不是「講理的地方」。這更顯得你是個大度的男人，並不是小男人。

無論在家裡還是在其他場合，如果一個女人流下了眼淚，男人要趕快遞上一張紙巾，並認真地聽她傾訴。然後告訴她：「把一切交給時間，時間會解決一切。」

在情人節和結婚紀念日，男人一定要給自己的伴侶買一份禮物。哪怕只是一枝花、一雙襪子、一個髮夾，她都會很感動。女人是很容易被感動的動物。

當自己的夫人辛勞一天的時候、等你回家的時候、孝順父母的時候，務必要說一聲「謝謝」。讓她知道，你為有她這樣的好老婆而感到非常的快樂、幸福和自豪。這是男人尊重女人最起碼的根本。

尊重女人的男人才是好男人、好丈夫，真正的男人就應該懂得怎樣去尊重女人。尊重女人的辛勞，尊重女人的權利，尊重女人的意見，尊重女人的嘮叨，尊重女人的撒嬌……

父親是女兒極其寶貴的財富

佛洛姆在《父愛的藝術》中說：「父親雖不能代表自然界，卻代表著人類存在的另一極，那就是思想的世界，法律和秩序的世界，風紀的世界，閱歷和冒險的世界。父親是孩子的導師之一，他指給孩子通向世界之路。」哈伯特也說：「一個父親勝過一百個校長。」

在現代社會，媽媽為主的育兒時代已成往事，現在人們越來越多意識到，父親的角色和作用是無可替代的，不管是粗線條的父愛，還是細膩的母愛，對於培養一個健全人格和健康心理的寶寶來說，都是必不可少的。因此作為一個好男人，父愛更是你無條件的責任。

而且，據世界衛生組織公布的一項最新研究成果表明，平均每天能與父親共處兩個小時以上的孩子，智商會比其他的孩子高。國外一項調查結果也表明，由父親帶大的孩子智商更高，他們在學校裡會取得更大的成功，在社會上更容易立足。

父親存在的積極意義對女孩的學業和職業成就也是一個重要的因素，並且能使她們成年後與男性發展健康的關係。

是的，在生活中我們總能聽到「女兒是媽媽的貼身小棉襖」，「女兒大了自然就會和爸爸疏遠」之類描述女兒與父母關係的話。但心理學家卻指出，儘管母親在生活面向上更多地影

父親是女兒極其寶貴的財富

響了女兒，父親卻會對女兒的個性和一生的幸福有著至關重要的影響。

因為女性富於感情，男性卻長於理智。這種男女差別，使父母在與孩子的親子互動過程中會在教育內容、方法、手段等方面有著一定的差別。一般來講，父親有較強的動手能力、較深刻的理解與判斷能力以及勇於探索的精神，這些無不對開闊孩子的視野、發展認知能力與創造能力起著獨特的作用。教育心理學家的研究發現，以下幾個方面父親對女兒的影響是母親無法替代的。

第一，父親奠定了女兒心目中最初的男性形象。

父親是女兒生命中出現的第一位男性，她對男性的最初印象都源於她的父親。不管這最初的印象是好是壞。如果父親給予女兒的是積極的影響，女兒會感受到爸爸的責任和堅強，這樣爸爸既可以成為女兒的榜樣，也可以幫助女兒明白她作為女性和男性不同的家庭位置。

第二，父親的肯定更能幫助女兒建立自信。

父親給予女兒的認可和贊同不同於母親所給予的。因為母親與女兒待在一起的時間較多，所以父親對事物的評論和反應對女兒的影響更大。而且父親的表達是藉由一種完全不同的方式，並且次數很少。他的積極介入有助於抑制女兒對母親的過度依賴。父親對女兒及其能力的信任會逐漸給她自立的信心。

尤其是在女兒處在青春期的時候更是如此。因此作為父親，千萬不要吝惜在別人面前驕傲地介紹：「這是我的女兒！」

第三，和媽媽的愛相比，爸爸的愛對女兒具有不同的價值。

一般來說，媽媽表達愛的機會更多，媽媽給予孩子的更多的是一種無條件的愛。女兒的心靈是細膩敏銳的，爸爸不善於表達會讓小孩比較難感受到愛。如果女兒有一個善於表達深沉父愛的爸爸，那真是她最大的福氣。

第四，父親對女兒女性氣質的培養更重要。

女性氣質對一個女人是非常重要的。女性氣質雖然是在其一生中不斷塑造的，但她早期與父親的交往卻會促進或阻礙這種氣質的發展。如果爸爸欣賞女兒的女性氣質，比如當女兒注視爸爸的時候，爸爸能夠以微笑的眼神回應，如果女兒換了一個新髮型，或穿了一件新衣服時受到爸爸的讚賞，那她的女性特質就會備受鼓舞。女兒對性別的自我認識相當程度上會受到父親對她如何反應的影響。

以上四個方面都是母親無法像父親那樣給予女兒的。同時，這四個方面的影響是帶給女兒生活成功和幸福的重要因素：一是她的自信，二是她對自己女性特質的認識和認同。

世界上許多心理學家和家庭臨床醫學專家都注意到缺乏父愛可能帶來某些特殊的負作用：孩子在家庭中總是表現出極端的行為；同一個家庭的成員之間不是愛，就是恨，沒有感情的過渡狀態；一個孩子要麼愛他的父親，要麼憎恨他的父親，永遠沒有中

間狀態的感情；希望得到自己所熱切期望的東西，它是如此貼近自己卻又顯得如此遙遠，這種矛盾產生出強烈的感情變化。

所以男人們，不要再埋首於報紙和電視以逃避自己做父親的責任，也不應該讓女性單獨承擔養育孩子的責任 —— 因為這不公平。而且女人也並不能替你擔任父親的角色。你必須用男人的「堅強剛毅」來彌補孩子在個性方面的不足，這對孩子來講是非常重要的。因為女兒需要從父親那裡學到一些特別的東西，其中之一就是堅決果斷的品格。這意味著女孩子希望得到別人的尊重和稱讚，而不是被侵犯和剝削，她也需要以父親的榜樣來形成對男性的整體印象。

善借貴人之力，送你上青雲

常有算命先生說：「你命中缺乏貴人」或「你今年會遇到貴人」，這當然是一種迷信，不過一個人要想成功，確實需要「貴人」的相助。在成功之路上，面對激烈的競爭，經常會前行緩慢甚至舉步維艱，這時如果能得到貴人的幫助，那麼你就會在成功的道路上疾馳，抵達你夢想中的佳境。

周凱旋的故事並非香港的財富故事，外界對周凱旋議論最多的是她與董建華和李嘉誠的關係。她的巨額財富的原始累積的確是得益於這兩個男人：一個是香港最有權力的男人 —— 董建華；一個是香港最具財富的男人 —— 李嘉誠。他們都非常這

位賞識的、精明的、有眼光的女人。

　　當時香港電影界有一名很有影響力的女經理人，叫施南生。她是個求才若渴的人，只要是人才，不問來歷出身，她都視若珍寶。周凱旋向施南生自薦，說能幫新藝城把電影賣到歐洲。施南生一下就喜歡上了這個自信、精明、有眼力的年輕女子，兩人於是成為好朋友。

　　在施南生的扶持下，周凱旋漸漸進入了上層社交圈。除了結識香港及東南亞各路商家外，與娛樂圈的明星關係也很好。不過，周凱旋更想與自己的東家董氏集團套好關係。後來她結識了另一位朋友張培薇，她是董建華的表妹，對周凱旋影響很深。建立好人際關係網後，周凱旋的商業生涯才變得順遂起來。

幸福女人的陽光生活

　　幸福是什麼？有人說：幸福就是貓吃魚，狗吃肉，鹹蛋超人打怪獸！有人說：幸福就是筷子上夾的肉絲。也有人說：幸福是一所國立大學，是一份驕傲的工作，是一棟豪宅，是一輛跑車，是名利場上的競技，是虛榮心的滿足⋯⋯

　　對於幸福，不同的人有不同的解釋，就像在一千個人眼中有一千個哈姆雷特一樣，但不管人們對幸福的解釋是什麼樣，婚姻的幸福是每一個女人追求的最大幸福。但幸福的婚姻不是天上掉下來的禮物，而是透過努力、奉獻、諒解與智慧去經營的結晶。

經營一個家庭，就要像經營一家小小的愛心銀行一樣，兩個人都要不斷地往裡面存入愛心，就當是存錢。雙方應該想著多奉獻，而不是多索取。有了豐厚的累積，如果有一天，一方因為種種原因需要支取時，才不會威脅到小家庭的安全，能夠平穩渡過難關。但作為一個知性女人，她不僅懂得經營幸福的婚姻，更懂得經營自己的事業。

　　幸福是什麼？是財富的累積還是平淡的生活？或者一個眼神、一種默契？

　　在生活中，追求愛情只是得到幸福的第一步。如何在婚姻之中讓愛情在雙方的心中扎根、生長、開花、結果，都需要雙方來共同培養愛情之花。在這個過程中，如何展現男人的個人素質，運用你的聰明智慧，使愛情永保青春，就是你必須面對的最大任務。

愛情和事業雙贏的自信女人

　　幸福的家庭需要用心經營。經營家庭，實際上也是在經營生活，經營人生。而若要成功地經營家庭，則需要至誠，需要付出，需要精心，需要真情，需要一以貫之，需要畢生心血。

　　「女人最懦弱的時刻，永遠是面對真情之際。因為只有在這時，堅定的意志才會面臨最大的挑戰，她才會力不從心地願意屈服，準備投降。」

在眾多的讀者眼裡，梁鳳儀只是香港一位著名的財經小說作者而已。

　　其實，對梁鳳儀來說，寫作僅僅是一種業餘愛好。在她的名片上我們會發現：作家只是其中的一個頭銜。一個年過半百的她居然身兼超過 20 個職務，實在是一個非同小可的大忙人。

　　梁鳳儀，在生活中扮演著作家、商人、太太三種不同「角色」，寫作只占她每天的很少時間，大部分精力還要協助丈夫管理廣告、證券、房地產生意。同時，她還是一個家庭主婦。在如此眾多的「職務」中，很難想像她居然每年還能寫兩三部小說。那麼，那些作品又是怎樣寫出來的呢？「上天是很公平的，每天給你 24 小時，給我也 24 小時，那麼我少玩兩個小時，少睡兩個小時，寫作的時間不就有啦。」原來是從「少玩」和「少睡」中擠出來的。

　　無論是寫作還是經商，梁鳳儀都稱得上是「功德圓滿」，家庭生活也很和睦，夫妻恩愛，兒子孝順，快樂似乎總是圍繞在她的身邊。然而，集各種「寵愛」於一身的梁鳳儀，同樣有著對人生的遺憾和情感的創傷。

　　縱觀梁鳳儀所有小說的封面題字都出自同一人之手。他就是何文匯 —— 梁鳳儀的前夫。

　　梁鳳儀和何文匯的初識，是在香港中文大學的戲劇沙龍中，郎才女貌，一見傾心，兩人很快墜入愛河。1972 年，互生

愛慕的兩人結束戀愛，步入婚姻的殿堂。

　　婚後不久，何文匯前往英國攻讀博士學位，梁鳳儀隨夫同往。到倫敦後，梁鳳儀成為一個純粹的家庭主婦，她每日在家打掃房間、買菜、做飯，過了一段恬靜安適、波瀾不驚的日子。

　　時間一長，聰明的梁鳳儀發現了這種平靜的家庭生活下隱藏著愛情危機。

　　1974 年，何文匯又赴美國威斯康辛大學，梁鳳儀再次隨行。此時，何文匯薪水菲薄，不足以養家。為了生活，梁鳳儀曾在維吉尼亞州一家餐館當了近一年服務生，但生活還是很窘迫。這樣硬撐著直到 1975 年，在香港電視圈朋友的一再召喚下，梁鳳儀才回到了香港，受聘於香港佳藝電視臺，任編劇及戲劇製作人。

　　在編劇和製作工作之餘，頗有一點「野心」的梁鳳儀成立了香港第一家「菲傭仲介公司」。雖說公司沒賺很多錢，但在香港卻造成很大影響，尤其重要的是引起了新鴻基證券集團董事局的注意。新鴻基的老闆馮景禧是香港華資金融王國的樞紐。他親自向梁鳳儀發出邀請，聘請梁鳳儀到新鴻基集團任高級職員，主管公關部門及廣告部門。從此，梁鳳儀正式踏入了香港財經界。她從零開始，勤奮學習，很快便成為馮景禧手下最受重用的幾員大將之一。這段生活為她日後從事財經小說創作提供了重要素材。就在梁鳳儀在財經界大展宏圖之際，她的

婚姻生活亮起了紅燈。因為何文匯遠在美國任教，對為了事業冷落家庭的梁鳳儀表示出不滿。梁鳳儀在傷心和困惑之後，作出了痛苦的抉擇。

為了珍惜當初的那一段感情，為了挽救正在走向死亡的婚姻，梁鳳儀毅然決然地辭去了新鴻基集團的高位，以期與丈夫重建愛巢。

談到職業女性的愛情時，梁鳳儀曾說：「職業女性的戀情，是沙場征戰後的一個驛站，幾時累極，幾時就伏下去小憩。只有極少數的情況，遇上的驛站，原來是風光如畫，值得從此停下來，安居樂業，放棄再上征途。」

梁鳳儀此時決定放棄職場，專心當太太，可以看出她是怎樣的重視夫妻之情，也可以看出，與何文匯的婚姻，在她心頭占著多麼重的分量。

她的本意是想挽救和何文匯的婚姻生活，然而在這點，她卻失敗了。她本來寄予厚望的婚姻，終於還是無法挽回。「無可奈何花落去」，梁鳳儀和何文匯的離婚，是君子式的，理智而坦然。梁鳳儀說：「感情的長存與關係的結束可以在互不抵觸下處理。既然沒有辦法，就讓我們接吻來分離。」

梁鳳儀和何文匯君子式的分手後，至今還保持著君子式的交往。何文匯的書法功底不薄，所以後來梁鳳儀成了著名作家之後，她大多數作品的書名題字，都出自何文匯之手。

梁鳳儀甚至還把這些題字裱起來，放在鏡框裡面，掛在了她的工作室。

　　這種愛情觀對女性讀者而言，當有一定的裨益，那是智者的風範啊！

　　「男女從來沒有平等過，除非女人不再愛男人，不再需要男人，又除非男人自願把身邊的女人抬高。」梁鳳儀如是說，在她的心目中，男人是高大的。

　　1985 年年底，幸運鳥開始在梁鳳儀的面前啼叫。

　　當時，香港聯合交易所即將成立。它是由當時的「金銀」、「九龍」、「遠東」、「香港」四家華資證券交易所合併而成的，成為香港唯一的股票買賣場所。緣於以前梁鳳儀在金融方面的業績，聯交所便盛情邀她回港工作。從此以後，她認識一個人，一個很重要的人，一個再一次改變她的生活、使她重新煥發了青春的人。

　　梁鳳儀認識的這個人，就是當時任香港聯合交易所董事會副主席、香港立法局議員、香港永固紙業集團副董事長兼總經理的黃宜弘先生。

　　在到聯合交易所工作之前，梁鳳儀對黃宜弘早有耳聞。黃先生是一個非常聰明勤奮、有才學和魄力的人。他自幼在美國留學，先後獲得了法學和電腦兩個博士學位，堪稱社會菁英。

　　梁鳳儀在穩定於永固紙業集團的工作的同時，對寫作的熱

情也得到昇華。她拿起了筆，一開始，她寫散文，在好幾家報紙固定寫專欄。當時，《明報》連載她的散文，需要取一個名稱。梁鳳儀便去找《明報》當時的董事長金庸先生。金庸對梁鳳儀的到來十分高興，二話不說，略加沉吟，便在宣紙上寫下了：「勤＋緣」。「勤＋緣」系列散文在讀者中回響極佳，又進一步膨脹了她的野心。寫著寫著，梁鳳儀覺得不過癮，便打算寫小說了。1989 年 4 月，梁鳳儀第一部小說《盡在不言中》的橫空出世，為她以後的「財經系列小說」起了個好兆頭。此後，梁鳳儀開始以令人難以置信的速度，有系統地創作起小說來了。

1990 年，梁鳳儀寫出了《醉紅塵》等 6 部長篇小說。

1991 年，梁鳳儀更上一層樓，竟然一氣出版了《花幟》等一系列作品。當時的香港刮起了一陣不小的「梁旋風」。當時，梁鳳儀的財經小說發行量非常多，出她的書的出版商都賺了錢。梁鳳儀野心勃勃地想，自己的小說如此受歡迎，如此能創造經濟效益，為什麼不自辦出版社呢？說創就創，她親任董事長和總經理，香港「勤＋緣」出版社成立了。

梁鳳儀真是好運連連，她的「勤＋緣」出版社在獲得很大的聲譽的同時，也獲得了巨大效益。僅僅在建社的一年半以後，「勤＋緣」出版社便收回了八位數字的投資，並在兩年以後，一躍成為香港三家營業額最高的出版社之一。

1995 年 12 月，事業有成的梁鳳儀迎來了她的 第二春。她和相愛數年的摯友黃宜弘先生喜結良緣。

事業有成，愛情如願的梁鳳儀，正像她自己的小說中描寫的那樣 —— 以悲劇開始，以喜劇收場。

事業有成，愛情甜蜜，子女賢孝，這可能是所有女性的夢想。梁鳳儀用她的野心和智慧，恰恰使這一夢想成真。野心是自信之子，自信的女性總有一天會將自己的小舟划向理想的彼岸。努力吧，女性朋友！自信就是你手中的魔法鑽石！

「壞」男人容易獲得女人愛

「男人不壞，女人不愛」這句話，從古流傳至今，它幾乎成了感情世界裡顛撲不破的真理。

英國《新科學家》曾有一期雜誌刊載論文說，那些自戀、衝動、愛撒謊的「壞」男人往往更容易「抱得美人歸」，而女性實際上也更喜歡這類男性。

英國《獨立報》說，典型「壞」男人當數 007 系列影片中的詹姆士·龐德。他幾乎是所有女性的「大眾情人」。

強納森曾對《獨立報》說：「龐德是典型的壞男人，他過於外向、喜歡尋求刺激，還殺過人，但他就是頗受女性歡迎。」

說男人壞，但這個壞與惡是有本質區別的，絕非壞到傷天

害理、六親不認，壞得讓人覺得噁心無聊。他們只是搗搗亂、逗逗樂，開一些無傷大雅的玩笑而已。他們不按常理出牌，就像上得廳堂、下得廚房的好女人標準會被壞男人加上一條入得了臥房那樣。他們的壞，讓生活更有情趣、有性趣、有樂趣！

提起壞男人，不可不提的就是韋小寶。韋小寶雖然獲得了娶七美之福，但他追女孩子的技巧並不高明。他收服群雌的招法相當簡單，基本上就是強取豪奪，逮住誰都咬一口，不行再咬一口。可就是這樣的破「招術」，卻讓這麼多美麗的女子十分受用，而女子們也似乎很吃這套，於是乎各個女人都被「收服」。

當然，韋小寶也深知要追到漂亮的女孩子，卻也要幾分「死纏爛打」的衝勁，通常漂亮的女孩子，其追求者也必然多，你彆彆扭扭說什麼情調，談什麼浪漫，恐怕人家早成了別人的老婆了。此外，雖然韋小寶沒有那些所謂「知性男人」有的心思，但其粗俗的手法卻也有一定的招術。首先要臉皮厚，厚到什麼程度了，得要加上「顏無恥」。但這在一定程度上也就拉近了與女人的心理距離，自然也就讓女人多少有了點親近的感覺。還有他通常喜歡給心愛的女孩子們撒一個「善意的謊言」，喜歡說些讓女孩子開心的話，雖知有不實之處，但只要達到目的，卻也什麼都敢說，真是到什麼山唱什麼歌。但無論韋小寶如何耍壞，討女孩子歡心，最終將其納為己有，但他絕

不是見異思遷的男人，他只不過是很多情，所以，他對這七個女人始終如一，他對她們都很好。

可見，他這個「壞」是有學問、有原則的。他在這個世俗社會裡為人處世遊刃有餘，既能賺錢，又會花錢，會玩、會鬧、會逗女人開心，是骨子裡也講點良心、義氣的俗人，這樣的男人，哪個女人會不喜歡呢？

有這樣一個調查，說是要在西遊記唐僧四師徒中選個當老公妳會選哪個，結果卻是豬八戒最得女人們的歡心，連最有本事的孫悟空都讓許多女人們覺得這樣的男人太一本正經了，而一個韋小寶，不僅有孫悟空的本領，更兼得豬八戒的世俗，所以在女人們看來，這樣的男人靠的住，更有生活氣息，所以女人們自是對這樣兼有「通天本領」的男人曖昧有加。

那麼，為什麼說「壞」男人能俘獲女孩子的心呢？究其原因，主要是因為：

1. 這樣的男人厚臉厚皮。極會察言觀色，看風使舵，見什麼樣的女人下什麼樣的「藥」，而女人們似乎特別對這些讓自己眼睛一亮的男人感興趣。

2. 一般而言，女性（尤其是青年女性）有兩個重要特徵，一是對於英雄的崇拜，二是母性或者聖母性。前者是因為女性總是處在現實裡的弱者地位，壞男人可以給她們強大的感覺；而後者則是因為女性在幻想裡喜歡把自己想像的偉

大和富有犧牲精神，她們不能改變世界，但是她們期望自己能夠改變或者拯救那些具有「黑暗個性」的壞男人。

3. 大多數壞男人有一種邪惡的單純，他們直接、簡單，懂得世故人情，知道什麼時候粗暴，什麼時候死皮賴臉地溫存，更多時候，他們像一群被上帝拋棄的孩子，最後，被女人收留了。

所以，「壞」男人更容易操縱女性，贏得女性的芳心。一個字「壞」，「壞」出情調，「壞」出個性。

第八章
女人都愛「旺妻男」

　　一個女人生活品質的關鍵在於選擇丈夫，選擇了一個男人就等於選擇了一種生活。找到一個能旺妻的老公，那麼妳就會婚姻美滿，事業步步高升。人們常說的旺夫或旺妻，其實不是地位、財富的旺，而更多的是精神層面。比如，和他在一起，她快樂了；和她在一起，他的生活方式更健康了。總之，能讓妳精神和生活兩「旺」的男人才是真正的「旺妻男」。

男人，做包容一切的大海

有人說：要想擁有幸福的婚姻生活，那就在我們還沒有步入婚姻殿堂的時候，最好拿著放大鏡和顯微鏡去觀察對方，看他的優點和缺點。當覺得對方的缺點還能夠包容，還能夠接受的時候，就和對方結婚。而婚後需要我們戴上老花鏡來看對方，也就是說不必什麼事情都看得那麼清楚。

人生很短暫，過度去計較很多事情真的很累，浪費時間又浪費精力，尤其是結婚久了以後，有摩擦的時候不要口無遮攔，惡語相向，否則就如潑出去的水，再也收不回來了。所以，千萬別在意氣用事的時候說一些過頭的話，做一些隨意的事。因為生活中的每個女人都有這樣或那樣的缺點及不足，只有寬容才能打動她們善良的心，讓她們完美起來。

中國有一句俗話「宰相肚裡能撐船」，用以形容那些寬宏大量的人。其實，一個人對他人的過錯都採取寬容態度的話，他絕不會位及「宰相」，而只能做處處遭人暗算的「唐僧」。因為，能夠當上宰相的人，必定極有心機，且深藏不露，對人寬容只是表面作為而已。所以，有些男人的寬宏大量含有一定的虛偽成分。有的是為了收買人心，有的是遵循了「小不忍則亂大謀」的古訓，但一個女人如果找到一個真正能做到大公無私的男人，那她必定是幸運的，生活也必定是幸福的。

有這樣一個故事：

有一年，鄰里間同時娶進來三位新娘，其中一個男人長相一般，老婆卻是最嬌俏的。大家都擔心他的婚姻不能長久。然而事情卻恰恰相反，這個男人婚後夫妻恩愛，還生了個兒子，而那兩個相貌不俗的男人卻因夫婦不和相繼離了婚。

據說，這個漂亮老婆婦剛過門時，也對自己貌不出眾的丈夫看不順眼，不但不給他好臉色，還故意找碴為難他。丈夫卻從未介意過，默默地容忍了女人的刁蠻與霸氣。

一天清晨，丈夫早早起來煮好了一鍋粥，叫她起床吃飯。她從床上爬起來，二話不說，拿起一個碗，掀開鍋蓋就扔進了粥鍋裡。她盼著借此激怒丈夫，自己正好可以趁機提出離婚。哪知丈夫先是一愣，接著又找來兩三個碗，一一遞給她，不動聲色地說：「願意扔就扔吧，大不了壞掉一鍋粥。等妳扔累了，想吃什麼我再做。」

這回輪到她吃驚了，她沒想到丈夫如此有涵養，面對自己一次次的無理取鬧，總能表現出極大的寬容。她終於感受到了一個真正的男子漢的寬廣胸懷。從此，她對丈夫有了好感，漸漸萌生出越來越深的愛。

白朗寧曾說：「能寬恕別人是一件好事，但如果能將別人的錯誤忘得一乾二淨就更是一件好事。」《聖經》裡也說：「犯錯誤是人性，寬恕是神性。」當一個男人可以寬恕女人的無理

時，無疑這個男人是偉大的，而他也是女人心目中的真丈夫。其實，對女人而言，男人可以沒有帥氣的容貌，也可以沒有萬貫家財，但絕對不能沒有博大的胸懷。因為女人需要的不是小肚雞腸的偽男子，而是寬宏大量的真丈夫。

有這樣一個女子，她是建築學家梁思成的夫人，是詩人徐志摩苦苦追求的女人，是讓一代哲學大師金岳霖終身為之不娶的女人。

她叫林徽因，號稱民初第一才女。她文能寫詩，武懂建築與設計，更重要的是，林徽因還是個不折不扣的大美女。雖然徐志摩對她有著欲罷不能的情感，但她最終卻嫁給了梁思成。

說到梁思成，他最出名的倒不是設計了哪座橋或哪棟樓，而是他對林徽因匪夷所思的寬容大度，最著名的應是他聞知老朋友金岳霖愛上了自己妻子的一段。梁思成曾說：「可能是在 1932 年，我從寶坻調查回來，徽因見到我時哭喪著臉說，她苦惱極了，因為她同時愛上了兩個人，不知怎麼辦才好。她和我談話時一點不像妻子和丈夫，卻像個小妹妹在請哥哥想辦法。聽到這事，我半天說不出話，一種無法形容的痛楚緊緊地抓住了我，我感到血液凝固了，連呼吸都困難。但是我也感謝徽因對我的信任和坦白，她沒有把我當一個傻丈夫，怎麼辦？我想了一夜，我問自己，林徽因到底和我生活幸福，還是和老金一起幸福？我把自己、老金、徽因三個人反覆放在天平上衡量。

我覺得儘管自己在文學藝術各方面都有一定的修養，但我缺少老金那哲學家的頭腦，我認為自己不如老金。於是第二天我把想了一夜的結論告訴徽因，我說，她是自由的，如果她選擇了老金，我祝願他們永遠幸福。過幾天徽因告訴我說：她把我的話告訴了老金。老金的回答是：『看來思成是真正愛你的，我不能去傷害一個真正愛你的人，我應該退出。』」

學者的偉大不僅在於其學術方面的優秀，還在於他們大多有崇高的人格和寬闊的胸懷。對於金岳霖的插足，梁思成並沒有像一般的丈夫那樣震怒，也沒有因此而對林徽因有任何的偏見，反而是「像哥哥一樣替小妹妹想辦法」，從林徽因的角度為她的幸福冷靜考慮。

從這裡我們可以看出男人的愛不是湖泊也不是河流，而是天空，是大氣，有了這樣的男人做襯底，再飄忽如箏的女人心，最底下那根細細的線總會落在他的手心。他有無限自由空間給你，不猜疑不嫉妒；你有無限空間伸長舒展，卻牢牢地掛心身後的土地。

男人有所擔當，女人才會幸福

「無論生老病死，貧窮還是疾病，你願意陪伴他（她）一生嗎？」當一個男人挽著一個女人在眾人面前許下「我願意」的時候，他就應該有所擔當。因為，從此刻起他不再是一個人，而是兩個人，他的生命中多了相依相偎的伴侶，他有責任讓對方得到幸福。

但幸福從來都不是天上掉下來的禮物，更不是透過幻想得到的，它需要我們付出艱辛的努力、辛勤的耕耘才能獲得。無論夫妻兩人的志向是什麼，無論他們從事的職業是什麼，都必須藉由努力去取得幸福。只有如此，才能收穫持久的幸福。

威廉遜說：「人生是一次航行。航行中必然會遇到各個方面襲來的勁風，然而每一陣風都會加快你的航速。只要你穩住航舵，即使暴風雨也不會使你偏離航向。」

我們應該記住：幸福從來都掌握在自己手中，走自己的幸福之路讓別人去說吧！

眼光決定未來

　　法國作家雨果說：「命運是一個喬裝打扮的人物，沒有比這張臉更會欺騙人的了。」但是，再會喬裝打扮也蒙不過獨到的眼光。獨到的眼光可以察人入微，勘破一個人的真偽，洞悉他內心深處潛藏的玄機，以不變應萬變，使你在人生的旅途上左右逢源，移步生蓮；獨到的眼光可以看透周遭發生的事，讓人以一種平和的心態去看待人生的不順與挫折；獨到的眼光讓你學會選擇、懂得放棄，同時也警醒自己別撿了芝麻丟了西瓜；獨到的眼光讓你不甘於因循守舊、墨守成規，能夠看準時機，敢於冒險；獨到的眼光，使你「海闊憑魚躍，天高任鳥飛」……

　　旺妻男智慧的眼光總能讓女人找到最佳的自己，他們以塑造一個全新的女人為己任。好像他就是為了她而生的，為了她而用盡心血。他總能在瞬息萬變的社會中，運用一雙慧眼，為你捕捉決定命運的細微之變，讓你時刻全身心地準備著去迎接、去擁抱每一次光臨你的幸運之神。那麼，你的人生在他的深謀遠慮、未雨綢繆下，必定路越長越寬，前景越來越光明。一生就那麼幾個關鍵轉折，把握好了就接近成功了。

懂女人的男人才是好男人

俗話說：女人心，海底針。女人的心，似五六月的天，說變就變，風雲莫測。一會溫柔可愛，楚楚動人，一會沉默不語，梨花帶雨。但是心如針，鋒在尖，藏於茫茫深海，讓人捉摸不透，如果一個男人不懂得身邊的女人，那麼鋒利的針總會在不經意間傷害到彼此。但如果一個男人欣賞身邊的女人並懂她，那麼你們碰在一起便火花四射，創意無限，靈動多姿，兩人都獲益良多，在同一個世界裡，你們借著彼此智慧的光輝再造金身，再上一層，進入新的天地。

錢鍾書與楊絳都是中國現代文學史上有影響的人物，看過錢鍾書的名著《圍城》的人都知道其中關於婚姻的妙言：「婚姻是圍城，城裡面的想出去，外面的想進來。」但在他與楊絳半個多世紀的婚姻生活中，卻是形影不離，榮辱與共，從未曾想過要出去。

錢鍾書與楊絳的愛情故事充滿了浪漫與傳奇。在一個風光旖旎的日子，楊絳結織了大名鼎鼎的同鄉才子錢鍾書。初見錢鍾書時，他穿著一件青布大褂，一雙毛布底鞋，戴一副老式大眼鏡。錢鍾書的身高不高，面容清瘦，雖然不算風度翩翩，但他的目光卻炯炯有神，目光中閃爍著機智和自負的神氣。而站在錢鍾書面前的楊絳雖然已是研究生，但卻顯得嬌小玲瓏，溫婉聰慧而又活潑可愛。錢鍾書侃侃而談的口才，旁徵博引的記

憶力，詼諧幽默的談吐，給楊絳留下了深刻的印象。

　　或許是緣份天注定吧！本應在東吳大學畢業後出國留學的楊絳放棄了難得的機會，考入清華研究所外國語文研究生。據知情者說：「楊絳進入清華大學時，才貌冠群芳，男生欲求之當偶者 70 餘人，謔者戲稱為七十二煞。」她卻芳心未許。她在等待著一個人，一個命中注定的前緣。終於她等到了在文學上與她有著共同愛好和追求，個性上互相吸引，心靈默契交融的錢鍾書，於是在丁香、紫藤盛開，幽香襲人的清華園，才子錢鍾書和南國佳人楊絳相愛了。

　　他們的婚姻生活是幸福的。據楊絳回憶說：「我們在牛津時，他午睡，我臨帖，可是一個人寫字睏意上來，便睡著了。他醒來見我睡了，就飽蘸濃墨想給我畫個花臉，可是他剛落筆我就醒了。他沒想到我的臉皮比宣紙還吃墨，洗淨墨痕，臉皮像紙一樣快洗破了。以後他不再惡作劇，只給我畫了一幅肖像，上面再添上眼鏡和鬍子，聊以過癮。回國後暑假回上海，大熱天女兒熟睡（女兒還是嬰兒呢），他在她肚子上畫一個大花臉，挨他母親一頓訓斥，他不敢再畫了。」我想一個人只有生活在幸福中，才有可能表現出這種難有的童心吧！

　　生活中有快樂，當然也有痛苦。當楊絳的父母先後去世，孝順的楊絳情感遭受重大的打擊之時，錢鍾書的細心呵護終使楊絳走出了父母去世的痛楚。

　　他們既是夫妻，也是情人，更是朋友，63 年坎坷歷程，他

們的足跡跨過半個地球，穿越風雲多變的半個多世紀：不管是
泰晤士河畔牛津的卿卿我我、如膠似漆，還是文革腥風血雨中
牛棚的不離不棄、相濡以沫，美好的家庭已經成為一家人對抗
戰火、疾病、政治風暴、生離死別最安全的庇護所。只是人到
最後都是孤獨的，當錢鍾書先楊絳一步遠去時，天上人間，陰
陽殊途，卻難斷摯情。她說：「人間不會有單純的快樂。快樂
總夾帶著煩惱和憂慮。人間也沒有永遠。世間好物不堅牢，彩
雲易散琉璃脆。現在只剩下了我一人，我清醒地看到以前當做
『我們家』的寓所，只是旅途上的客棧而已。家在哪裡，我不知
道，我還在尋覓歸途。」

　　家的意義在楊先生的這句話中得到了盡情的闡釋。或許正
如有人說的那樣：心若沒有棲息的地方，到哪裡都是在流浪！

了解成功男人的特點

　　當女人從傳統依賴走向獨立和自由時，有兩種男人自然成
為女人的「獵物」：有錢男人和成功的男人。而較之前者，後
者似乎有著更多的吸引力和誘惑力。

　　一個成功的男人必定有其不菲的身價，隨著素質和品格的
深入人心，層次的高低也成了新女性十分在意的方面。一個有
錢的暴發戶在一個品味女人的眼裡是不該和成功劃等號的；相
反，在成功男人的詮釋裡，品味加富有才算得上完美的追求。

當然，成功男人的成功理念，也是女人們看重的。

然而欣賞是一回事，愛情又是一回事。一個欣賞成功男人的女人就像霧裡看花，獲得一抹輕鬆和美感；一個愛戀成功男人的女人如同獨飲咖啡，落得一份苦澀與沉重。

哲學家尼采說過：「對男人，連最甜的女人也是苦的。」

如今這話對女人也開始適用。如我們所知，愈來愈多的女人在對成功男人的愛情中嘗到了甜中的苦澀。

羅曼‧羅蘭說：「善良的女人，可以鼓勵男人；有才華的女人，可以吸引男人；美麗的女人，會迷惑男人；聰明的女人，可以抓住男人。」對男人來說，他總是希望自己的伴侶是四者兼顧的那種女人。如果女人要選擇理想的丈夫，除了才氣、善良、英俊、體貼之外，還得加上有錢，然而，世界上有許多這樣完美的組合，他們的婚姻並非人們所看到、所想到的那樣幸福，有的家庭甚至可以說糟糕透頂，因為他們各自完美的如同一個硬邦邦的鐵球，再沒有什麼東西可以插進去。

一位哲人曾這樣說過：「瞎太太配上聾先生，將是世界上最完美的婚姻。」因為丈夫聽不到妻子喋喋不休的抱怨之聲，太太也看不見令自己煩惱的關於丈夫的不好的事情，所以兩個人會生活得很平靜、很幸福。同時兩個人因為彼此都有苦難需要克服，因而，他們會同心協力地征服困難，而在這個過程中，也能增加彼此之間的情愛。當然在這裡，我們並不是說夫妻彼此之間需要更多的缺陷融合在其中，而是說夫妻之間需要更能

理解對方，了解對方，讓對方在你的生活中能插的進去，這樣你們的生活才能完美。

所以，如何挑戰成功男人的愛情，便成了這些女人控制風險係數極高的智慧。

如果想要做好成功男人背後的女人，就需要了解一下成功男人的特點及心理，這樣對於那些成功男人背後的女人來說也是非常重要的。

首先，我們來看一下成功男人的特點：

＊ **目標**：心理學家告訴我們，男人是目標動物。而大凡成功的男人，更會有自己的目標。目標是成功的先導，也是成功的動力。但同時，懷有目標的男人也會有過分理智的弊端。

若妳愛上了一個成功男人，妳在愛上他的成功時，也要接受他的理智。你要明白，即使他非常愛妳，作為女人，妳也不可能成為他永久的目標，一旦妳被攻克，他又會恢復先前的理智，並準備在他成功的起點上更上一層樓。

＊ **毅力**：愛迪生說，成功的要素不在人的智慧，而在人的毅力，一個成功男人更是如此。毅力是持之以恆的決心加上200％的專注。唯其如此，一個成功男人在奮鬥之餘才需要更多的釋放和更大的輕鬆。若妳愛上了一個成功男人，謹記面對一個成功男人，是女人長期的考驗。

* **孤獨**：通常孤獨是奮鬥的原因，是奮鬥的動力。唯有經過孤獨的過濾，人才能挖掘出自己最優秀的潛能。所以一個成功男人，必定是一個耐得住孤獨的戰士。若妳愛上了這樣一位戰士，妳得明白：自由對他已不再是需要，而是他的世界。

  其次，我們來看一下成功男人的期望：

* **交流**：和普通男人一樣，成功男人也渴望和異性交流。不同的是，女人心目中的交流多是抽象的，男人心目中的交流多是具體的；女人感興趣的多半是事情的內容，男人感興趣的多半是事情的本質。所以交流中，女人多以嘮叨見長，男人多以寡言為樂，成功男人更是如此。

  因成功男人的智力大都高於一般人，即使面對女人，他也希望妳和他的交流能達到如此水準：即交流不在於說什麼，而在於能否聽得懂。

* **自由**：自由是男人的熱愛，更是成功男人的渴望。之所以他更加渴望自由，在於這麼一句老話：「女人在婚姻中得到了自由，男人在婚姻中失去了自由。」

  自由於成功男人已不再是需要而是他的整個世界，唯有自由能使一個人的潛能發揮到最高極限，而一個成功男人的代名詞，正是個人潛能的歷練。

最後，我們來看一下成功男人的恐懼：

* **張揚**：物理學上講，同性相斥，異性相吸。或許妳的張揚對普通男人具有吸引力，對一個成功男人就成了多餘的造作。

  因為他有著強於一般人的智力和能力，知道只要他願意，他也完全有資格向世人張揚，同時他也懂得，張揚和狂躁是做人的膚淺，所以他不屑於認同一個張揚的女人。

* **目的性**：文壇上，每個寫作的人都會情不自禁地表現自己，所以有了文如其人的說法，其實何止文人，對於任何一個人，其言行均如其人。這也是不以人的意志為轉移的客觀規律。

  所以，如果妳對他的愛情充滿目的性，不管妳掩飾得多麼好，終會暴露無遺。況且，在這個物欲的社會，因為懷有目的的女人比比皆是，成功男人對這類女人便有了更多的警惕和反感。

* **攻擊性**：或許開始妳不過想透過對他的攻擊證明你的不同凡響，殊不知，男人最不喜歡帶有攻擊性的女人。這裡並非以男人的標準為真理，即使反過來，作為女人的妳遭到同樣的攻擊，妳恐怕更會感到難堪和失落。所以我們做人要將心比心。或許和他打對手戲的妳確實愛他愛得痴狂，卻發現他狂傲無比。沒關係，在具體問題上給他設置一個

障礙，讓他自己發現自己的問題，一是比表面攻擊來得從容和智慧，二是一旦他意識到自己的短處，反倒會加深對妳的愛。

＊ **愛的糾纏**：就算是一個普通男人，也受不了女人愛的糾纏，更何況一個成功男人，同樣的伎倆不但容易使妳失去戀情，甚至妳自己也會遭到他的厭棄。

成功男人需要愛情，但他需要的愛情一定要有分寸。因為女人的老公是男人，成功男人的老婆是事業。

如果妳了解了這些，那作為女人的你就能更好地駕馭成功男人，將其留在身邊。

成功男人必備的九種特質

大多數人的生活層次只停留在「為吃飯而吃，為搭公車而搭，為工作而工作，為回家而回家」。而成大事者總是首先確定一個明確的目標，並集中精力，專心致志地朝這個目標努力。他們總是選擇最佳的方式，達到最完善的結果，這就是非一般人所能做到的。

男人想要成大事，必須具備以下九種特質：

第一，良好的心態。

心態決定命運，正確心態，就擺正了一切。面對生活，有

第八章　女人都愛「旺妻男」

人積極熱情，有人消極冷淡；面對失敗，有人一笑而過，有人愁容滿面；面對人生，有人信心百倍，有人垂頭喪氣。人與人之間原本只有微小的差別，但不同的心態卻造成了巨大的差異。可見，不同的心態可以「遙控」出不同的人生。好的心態，讓我們走向成功；壞的心態，讓我們走向失敗。

第二，善於交際，會網路人際關係。

凡是成大事者，皆把人際關係交往放在第一位，並發揮人際交往的力量，營造自己的關係網，為自己的成功打下良好的基礎。人貴有自知之明，處理人際關係也一樣。只有先知己，然後知彼，才可能百戰不殆。

第三，膽大心細而又敢於闖蕩。

如果以詩詞流派來形容男人和女人，那男人無疑是豪放派的，女人則歸之於婉約派。男人生來都有一股衝勁，勇往直前，無所畏懼。而要成大事者則要吸取女人心細的優點，因為歷史上那些成大事的男人都是剛柔相濟、膽大心細的。

第四，善於學習，化知識為智慧。

成功的人有千千萬，但成功的道路卻只有一條 —— 學習，勤奮地學習，用時下流行的話來說就是「充電」。如果一個人停止了學習，那麼他很快就會「沒電」，就會被社會所拋棄。養成堅持學習的習慣，你離成功就不遠了。在資訊技術日益進步的今天，你如果不學習，那麼很快就會落伍。因此，無論在何時何地，每一個現代人都不要忘記給自己充電。只有那些隨

時充實自己，用學習來武裝自己的頭腦，充實自己的生活，為自己奠定雄厚基礎的人，才能在激烈的競爭環境中生存下去。

第五，風度與魅力兼具。

要想真正說明男人的風度與魅力是很難的，因為在每個人的心裡都有自己對於風度、魅力的一個獨特標準。想成大事的男人應該想方設法使自己的魅力符合這些「獨特」的標準，不會全部符合，也有80%以上的符合率，因為這會成為你成功的催化劑。

第六，善於把握和利用機會。

有了才學，有了風度，甚至有了創業的資本，沒有機遇或抓不住機遇的男人也難成大事。機遇對於男人的成功好比眼睛對於一個人的身體一樣重要。看不清方向自然走不好路，抓不住機遇自然把握不住成功。

第七，善用他人的智慧。

在經濟、政治日趨全球化的同時，合作與發展成為了經濟生活的重心。大局如此，一個人的成功也是如此。單槍匹馬，一個人就可名揚四海的時代已經一去不復返了，如今，男人成就大事的真諦之一就是「借」，利用他人的智慧和力量為自己的成功服務。

第八，敢於開拓創新。

求新求變，在創新變革中改變自己、改變社會是人類前進的動力。這種特質一直潛藏於人類的頭腦之中。正是有了它，

我們的生活才如此的豐富多彩。而如今,各方面的競爭都很激烈,如何生存不是問題,而如何生存得更好困擾著每個人。對於想成大事的男人,必須不斷地思索,不斷地開拓,才能有所作為,有所成就。

第九,精於理財,有致富意識。

致富是每個人的夢想,男人成大事的目的之一就是賺錢養家,解決後顧之憂。賺錢,就涉及一個如何理財的問題,不善於理財,錢賺得再多,也毫無用處。當然,理財的能力更要學習和培養,多聽專家的意見,多學學那些投資家的成功經驗,對你的理財能力會有很大幫助。

第九章
圍牆內外看男人

　　男人到底是什麼？是一棵可以遮風擋雨的大樹，還是一片永遠流浪的雲？是那個在無助時可以信賴的肩膀，還是那個在寂寞時可以依偎的胸膛？是那個讓妳一生都無法逃避的角落，還是那個讓妳收獲傷痕的季節？越來越多的女人搞不懂，男人到底是剛強還是脆弱？是情聖還是無賴？或者是⋯⋯

男人苦悶的根源在哪裡

　　儘管在通向事業巔峰的道路上，男人走得很艱難，但成功者還是不乏其人。不少男人在所屬領域創造了卓越的成就，成為社會的菁英，他們是生活的強者，是男人中的佼佼者。然而，這些成功男人也有他們的煩惱與苦悶。金錢、地位等外在的成功與自我價值理念的追求之間的衝突，期望與現實之間的矛盾，構成了成功男人的苦悶根源。

　　由於成功男人大多已到中年，既對生活、人生、自我有著比較清醒的認識，又有著更高的價值追求，所以，他們不再像青年人那樣，為成功而陶醉不已。相反，有些人甚至產生了一種深深的空虛感、失落感。對許多男人來說，生活的意義在於奮鬥的過程，一旦目的達到了，生活也就變得黯然失色。甚至，那曾經孜孜追求如今已經實現的目標，也引起他們的懷疑：「我要達到的就是這個嗎？它於我自身又有什麼意義呢？我真的成功了嗎？」他們忽然覺得，得到的並不是自己真正想要的。尤其是那些自我實現欲強烈的男人，覺得獲得的只是外部的成功，而他們往往追求的是內在的成功。而那些曾經歷過曲折奮鬥歷程的男人，在成功之後往往就會問自己：「為獲得這個外部的成功，我付出的那一切值得嗎？」許多成功男人被某種具體的目標所驅使，在奮鬥階段大多具有對事業「殘酷的熱情」，犧牲了許多常人的歡樂和幸福。而得到的往往又並不是

自己真正所需要的。所以，他們在成功之後，往往有一種莫名的失落、惆悵和困惑。在其心靈深處，他們對自己的追求和未來是持懷疑悲觀態度的。這就是當代許多男人成功後的心境。成功，既不能消解男人特有的種種困境和精神危機，又迫使他們更加苛刻而嚴厲地自思和自問，乃至拷問靈魂。

埃及前總統薩達特在《我的一生》一書中曾說過：「大多數人陶醉於外部的成功，如社會地位、金錢或權力，簡言之，就是他們在別人心目中的形象。至於我，則一貫認為我自己看到的自我形象比別人看到的我的形象更為重要……內在的成功和外部的成功，對於後者，我是不屑一顧的，因為它缺少對自己的誠實。而且誰相信它，誰就永遠是自己的要求、願望和欲望的奴僕。這是我所拒絕的。」

處於充滿誘惑的名利場中，當代成功男人一方面無法超凡脫俗，如薩達特所言，「大多數人追求外部的成功」及「他們在別人心目中的形象」；另一方面，隨著年齡的增長，自我意識的增強，許多男人更看重「內在的成功」，而這兩者之間常常又是矛盾的，使成功男人陷入深深的苦惱之中。他們可以透過努力奮鬥，獲得地位、聲譽、金錢，在自己的領域有所成就，但卻難以達到自己想要達到的那個樣子和人生的更高境界。

心理學家認為，在家庭中，許多男人生活得苦悶，問題大多出在自己身上，和別人無關。他們發現，以下十種行為常常是男人生活苦悶的根源：

第九章　圍牆內外看男人

1. 對生活上的事情，大多以抱怨的態度對待。以自我為中心，希望全家人都圍著他轉。

2. 心胸過於狹隘，經常懷疑妻子的行為和態度背後的動機。

3. 企圖取悅所有的人，不懂得拒絕任何人，但往往不討好，還弄得自己做人做得很煩。

4. 做人沒有主見，沒有原則。經常生活在角落裡，不肯投入生活，就像一個電影演員一樣，躲在角落裡看別人的生活，自己則被別人牽著走。

5. 不用認真的態度對待任何事，經常背後說別人的壞話。

6. 身體出現毛病，就重複地向不同人講述入院經過、手術過程和病後生活。

7. 在別人講一件事或笑話時，打斷對方的話並說自己已聽過。

8. 像一個萬事通，什麼事都裝作專家。

9. 經常煩悶，喜歡在別人面前吹牛和自誇。

男人打死也不說的三個祕密

大多數男人都很直接，很傳統，所以他們哪怕天天約你吃飯，天天發臉書，請注意，別太自作多情，男人可不愛玩遮遮掩掩我猜你猜的遊戲。大部分男人內心都希望自己的女伴集女星的優點於一身，並且以每種特質完美的配比呈現。儘管嘴巴上不一定承認，但內心裡沒有一個男人會拒絕。

以下是男人打死也不說的三個祕密：

祕密一：他的情感記錄

* **失戀**：因為很丟面子，所以隻字不提。
* **網戀**：男人是不會承認這種不太光明正大的行為的。
* **豔遇**：有偷的感覺，男人才覺得美妙，並且覺得最好的享受方式就是把它當成祕密去守著。
* **傾慕**：對已婚男人來說，這更是他三緘其口的祕密。

女人最大的不幸在於誤解男人，她們總懷疑男人背後的東西。其實，女人與男人是呼與吸的關係，呼是女人自己，而吸則是男人。什麼時候女人能從本質上理解與男人的關係，女人的獨立與解放就可能真正來臨。

美國某電影有句著名的臺詞：「女人如果說自己跟一個男人睡過覺，往往是那個數字要乘以三；男人如果說自己跟三個女人睡過覺，那數字則要除以三。那麼，男人為什麼不喜歡把這

第九章　圍牆內外看男人

些東西講給女人（尤其是身邊的女人）聽呢？原因在於外部，即女性這邊。再有修養的女性都愛吃醋，如果一個男人自揭其『醜』，以後還會有好日子過嗎？所以，這一切對男人而言，就成了一種極其壓抑的祕密。」

33 歲的黃先生是公司專案經理。在結婚之前，他曾經有過一個女朋友，因種種原因她提出了分手。於是痛苦了一段時間，直到和現在的妻子相愛結婚。他一直沒把自己過去的這段感情經歷告訴妻子。但妻子不知聽說了什麼，總是纏著他問這件事，有時他對她無意中疏忽一點，她就帶著醋意委屈地問：「你過去對她如何？不會像對我這樣冷漠吧？」搞得他無所適從。他真想告訴她以後不要再對他的過去如此興趣濃厚，但又怕她誤會更深，真不知如何開口。

現實生活中，像黃先生妻子這樣的女人有很多。在此建議，作為女人，就讓他的情感經歷成為塵封的往事好了。在心中把他的這個祕密設置為「雷區」，時刻提醒自己不要去涉及，就算聽說了隻言片語，也不要刨根問底。你的固執和小氣除了喚起他的回憶甚至念起那個「她」的種種好處，又有何益呢？聰明的女人懂得不自掘陷阱。

祕密二：種種脆弱的心理需求

* **虛榮心**：要使自己口袋裡的錢變多很難，但要使自己變得像個有錢人，則容易多了。

* **軟弱**：男人也有示弱的一面，但這不能公開。

* **臭美**：男人們一般死也不承認自己愛打扮，這也是男人的一個「祕密」。

* **孩子氣**：貌似賴皮，實為撒嬌，但就是不宜大規模開發。

  男人是個「面子」動物，喜歡女人的欣賞和崇拜，因此男人的這個祕密很微妙，不可輕易去揭開謎底。女人只需平靜面對、加以理解、心中明白就行了，千萬不要訴之於口，更不要因為出於愛意而去鼓勵他「軟弱」、「孩子氣」一些，否則男人會認為你看低他了，這是令他無法忍受的；關於他的愛慕虛榮和臭美也是心照不宣的事，這只會令他惱羞成怒。

　　37歲的王先生是公司副總裁。在許多人眼裡，他是所謂的「成功人士」：擁有高薪、豪宅、名車。其實，他也有不為人知的祕密，比如打拚累了，很想靠在太太肩膀上讓心休憩；在外面憋了委屈和心酸，也會很想痛痛快快地哭一場；有時也很想像個孩子那樣無憂無慮地過日子，或撒撒嬌……可是他又很怕太太知道了會影響自己在她心目中的偉岸形象。

其實，男人都有王先生這種心理。男女本來就是個混合體，後來人們把男人與女人格式化，絕對化了，好像男人就意味陽剛，不哭，務實，大大咧咧，不修邊幅……其實不然，男人也有許多不為人知的脆弱心理，但這是些只做不說的祕密，女人更不可以打開看個究竟。

祕密三：所謂「男人自己的事」

* **工作狀況**：有些工作上的事要祕密化，是為了不想把白天的事帶進夜裡。所以，男人不喜歡女人干預。
* **應酬**：男人喜歡與同性朋友去玩，不喜歡女人介入。
* **發財夢**：渴望一夜暴富幾乎是每個男人的夢，但又要背著太太做，企望有一天能給心愛女人一個天大的驚喜。

30 歲的張先生是媒體記者。下班後的閒暇時光，他時常與一幫朋友聚會，大家侃侃而談，喝點酒，覺得很愜意。可是太太總是不放心，有時一晚上要打好幾個電話窮追不捨：「你在哪裡？和什麼人在一起？你們在幹什麼？」弄得他身心疲憊。還有他工作上的事，她也總要詢問。知道她這麼做是因為關心，但他實在不願她過多地干預這些自己的事。

相信天底下的男人都是這樣。女性工於細節，喜歡溝通，愛發問，甚至鑽牛角尖。而男人則很多時候會覺得男人的那些事，女人最好或根本無須大驚小怪地去過問。盈利了還是虧

了？獎金少了還是多了？老闆對自己好不好？諸如此類的問題，男人一般不喜歡家裡的女人過問，有些事實之所以男人要把它祕密化，是為了不想把白天的事帶進夜裡，所以工作上的事，男人不喜歡女人干預。垂簾聽政，對所有的男皇帝而言，都不是一件愉快的事。

總之，男人的祕密大都是受外界所「逼」而不得不把一些事或心事捂起來。祕密對女人而言，有點美麗；對男人而言，則是某種扭曲的痛苦。

左手紅玫瑰，右手白玫瑰—

男人本「色」有一句話說：「99% 的貓都叫咪咪，99% 的男人都好色，剩下的那一個，可能是個假正經。」動物界雄性看到心儀的異性，向來是二話不說就撲上去的。雄性總希望擁有更多的異性伴侶，究其根源，可能是希望優秀基因更多更廣地傳播下去，就像獅群中的首領那樣。這是自然法則對人類的心理暗示。相比之下，人類已經很克制了。男人的本性就是好色，不好色，就得懷疑一下他的健康了。自古英雄難過美人關。環肥燕瘦身集三千寵愛，霸王別姬千古絕唱唱到今，美豔海倫引發十年戰爭，英國甚至出了個愛美人不愛江山的溫莎公爵。《孟子》也有言曰：「食色，性也」。男人好色，純屬本

性使然，乃合情合理之事。世人不該一味斥之、責之、罵之。女人為誰而美，自古早有定論。《戰國策》裡說：「女為悅己者容」。因而，衝冠一怒為紅顏。古今中外，為了這個「悅己者」，不知爆發出多少驚天動地的故事！古希臘人為了一個絕代美女海倫，能打十年血流成河的仗；唐明皇為了一個傾國佳人楊玉環，使天下做父母的「不重生男重生女」；柯林頓為了一個白宮實習生陸文斯基，險些丟了總統的寶座。

在原始社會，母系氏族時期，女人在社會中占主導地位。男人主內，料理家務。那時的男人是否想過美女的誘惑，不得而知。之後的幾千年，男人主導一切，男人可以三宮六院七十二嬪妃，在有錢人的家裡，男人可以娶了一房又一房，在當時的歷史背景下，有錢的人家要是沒有小老婆，那都是很沒面子的事情。如果，男人失去家財，女人們就爭奪所剩下的一份殘羹。為自己的生存而擔憂，在當時女人們沒有生存的能力，只是靠嫁個好人家過活。那時的男人好色是有資本的。

其實在男人的心目中，情人只是一朵丁香花，談情說愛時滿眼芬芳，一旦到了生死離別的時刻，情人只是那朵枯萎的丁香，苦味只能留給自己品嘗。而老婆卻是一個口袋，平時就是一塊布，撿起來時是裝錢的口袋，他會把名分、財產與最後的愛，都留給老婆。

讓我們來看一個故事：

　　一個男人病危。他讓醫院通知兩個女人，一個是他的情人，一個是他的老婆。兩個女人一前一後進了病房，見到情人，男人眼睛為之一亮，他慢慢從貼身的口袋裡，掏出一個電話本，然後從裡面摸出一片樹葉的標本，他說：「你還記得嗎？我們相識在一棵丁香樹下，這片丁香葉正好落在你的秀髮上，我一直珍藏著……我一輩子也忘不了你。」說完，他看到了緊跟情人後面而來的老婆，看上去，老婆焦急而憔悴。他以為老婆是不會來的，便一驚，然後眼裡湧出幾滴淚水。你望我，我望你。幾分鐘後，他緩緩從枕頭底下，拿出一個錢包。他對老婆說：「讓你受苦了，這是我的全部積蓄 380 萬元，還有股票、房地產，留給妳和兒子的。好好生活，我要走了……」站在一旁的情人聞聽，氣得扔下那片丁香標本，像樹葉一樣飛走了，而老婆卻緊緊地握住他的手，讓他在溫暖的懷抱中慢慢闔上了雙眼。

　　什麼是妻子？就是男人願意把積蓄交給她保管的女人。什麼是情人？就是男人偷偷摸摸地去和她約會又怕妻子撞見的女人。什麼是紅顏知己？就是男人能把有些祕密說給她聽卻不能說給妻子聽的女人。奉勸天下的好女人都不要給已婚男人當情人。情人是寶，妻子是草；情人是生活在天上的，妻子是生活在地上的；情人是放在心裡的，妻子是放在家裡的；情人是自由地來去如風的，妻子是在家裡任勞任怨的；情人在男人的眼

裡，是聖女，是天仙，捧在手裡怕掉了，含在嘴裡怕化了；而妻子在丈夫眼裡，是保姆，是傭人，是個失去光澤的大俗人，猶如一杯白開水。

　　妻子陪你過日子，情人陪你花鈔票，紅顏知己陪你聊聊天。妻子不能代替情人，因為她沒有情人有情調；情人不能代替妻子，因為她沒有妻子的親情；妻子和情人都代替不了紅顏知己，那是心靈的需要。妻子是一種約束，約束你不能隨便和別的女人交往；情人是一種補償，補償你想從妻子那無法得到的激情；紅顏知己就是一種點撥，點撥你心中的迷津。

　　妻子是一個和你沒有一點血緣關係的女人，卻為你深夜不回家而牽腸掛肚；情人是一個和你沒有一點家庭關係的女人，卻讓你嘗盡做男人的滋味盡情銷魂；紅顏知己是一個還沒和你扯上關係的女人，卻能分擔你的快樂和憂愁。

　　妻子是一個家，是一個能給你浮躁的心帶來安撫的港灣；情人是家的累贅，只是不到萬不得已你不想甩掉；紅顏知己是家的點綴，沒有她你不覺得寂寞，你會覺得生活沒意思。

　　妻子的關心像一杯白開水，有時會成為一種嘮叨，只是在生病時才成為一種溫馨；情人的關心就像在白開水里加了一勺糖，慢慢地品上一個晚上還不滿足；紅顏知己的關心就像工作到午夜喝一杯咖啡，越喝越提神。

　　妻子懷上你的孩子會深情地問你：「想要個男孩還是要個女

孩？」情人懷上你的孩子會哭著來問你：「該怎麼辦怎麼辦啊？」對於紅顏知己，你會把你的情人懷孕的消息告訴她，並問她你該怎麼辦。至於妻子，你會在她發現你的情人肚子大了的祕密後才告訴她：「其實，我早就想告訴你了。」然後拚命地向她解釋，並作可憐狀。

妻子回到娘家一個星期不回來你也不想，情人三天不見你就給她打電話：「妳在哪裡？今晚我們到老地方喝杯咖啡好嗎？」心中有了苦悶，你最想找個紅顏知己傾訴，告訴她你在妻子和情人之間疲於奔命，實在受不了了。

最讓男人受不了的是妻子的嘮叨，情人的眼淚，紅顏知己的誤解。妻子的嘮叨使男人的心亂上加亂，情人的眼淚讓男人已硬的心變得酥軟，紅顏知己的誤解把男人的心由懸崖推進深谷。最好的妻子，就是男人能從她身上找到情人和紅顏知己兩種相互交織的感覺，只是這種感覺男人很難找到；最好的情人是在你和她的關係被妻子發現而主動退出又不提任何要求，只是情人很難做到這點；最好的紅顏知己是有一天她能成為情人，甚至妻子，只是這種想法很難實現。

如果有可能，男人都在想把紅顏知己變成情人，如果再有可能，再把她變成妻子。只是變成妻子的紅顏知己就不再是知己了，因為很少有男人把自己的妻子當成知己的。

第九章　圍牆內外看男人

解讀男人的情感世界

記得有一句關於感情的名言：無情未必真豪傑，有情未必大丈夫。說的是名人墨客、有志之士們的感情。但也因為這樣一句話致使多少男人為此而抱恨終生。

也許有人會說，男子漢是堅強、剛毅的象徵，何需講什麼安慰？其實不然。從某種意義上講，做女人難，做男人更難。正像一篇文章中寫道，男人並非天生的幸運者，最要命的是他們還必須強撐著架子，所謂「死要面子活受罪」是也。作為男人，不管個體情況如何，要成為符合社會期待的「男人」，就夠他忙一輩子的了。相對來說，女人在社會競爭中是可進可退的，進則成為女強人，巾幗英雄；退也可做賢妻良母，無傷大雅。男人則不然，他們如過河的卒子，許勝不許敗，否則他就要遭到其他男性和全體女性的拋棄。

男人和女人本來就是不同的人，無論從哪個角度都找不到共同點。尤其對待感情，男人以他的大度、寬厚，把感情也看得灑灑脫脫，而女人不是的，她們以特有的細膩對待自己的感情，守候著自己的感情。對女人來說，男人因為多情而絕情；對男人來說，女人因為專情而絕情。

男人心裡可以容納兩個甚至兩個以上的女人，而且「再多也不夠」。而大多數女人的心裡裝不下第二個男人，女人如果跟男朋友分了手，便形同路人。愛就是愛，不愛就是不愛，分手

了永遠沒有回頭路。女人愛不成則可能生怨生恨，女人因為怨恨會有自暴自棄的報復，或者絕情不愛一個人，或者愛上一個不該愛的人。這樣的絕情，痛在一時，卻不會因欺騙而造成更大的傷害。愛上一個不該愛的人不是折磨舊情人，是在折磨自己。

愛情對於女人來說，一旦遇上了、動心了，就像吸食了鴉片，總是希望能永遠沉醉其中，感受它的飄飄然的浪漫，輕易不願擺脫，也擺脫不了；而對男人來說，在遇到心儀的女子時，就像品著一壺優質的美酒，知道淺嘗輒止才最迷人，若是暴飲，隨之而來的可能就是酒醉後的痛苦，所以男人對愛情不會像女人那樣全身心地投入。

女人不會輕易地對某個人傾心，那是因為女人的心思總是比較細膩，遇到人和事總要放到心裡的天平上去衡量，是否達到了自己的要求，是否滿足了自己的目標，而當天平的兩端平衡的時候，她才可能會付出自己全部的愛心。男人總是比女人容易動情，所以男人一見鍾情的機會多於女人，他們只憑一時的心理感覺，覺得喜歡了就是愛了，只貪圖眼前的美麗和快樂，而很少去多想以後會怎樣，對於那些細枝末節的事更不會去深入考慮，不知道這算不算男人比女人更容易失戀的原因。

戀愛中的女人往往變盲目，只看到自己的愛情，只看到自己的那個他，而把別人摒棄在視線之外。男人則不然，即使他深愛著身邊的女子，卻還可以在擁著你的時候照樣左顧右盼，把眼光投向外面的世界。「男人的性和感情是分開的獨立的，男

人因性而愛，女人因愛而性，男人下了床認為愛已結束，女人上了床認為愛是美好的開始。」這是某篇文章裡關於男人女人對於性觀點精闢的詮釋。男人為什麼可以把性和情分離？古人說「食色性也」，餓了就要吃，所以有很多兩地分居的戀人和夫妻禁不住感情的考驗，從而出了軌，所以有男人解釋說，他也有需要，就如他要吃飯一樣簡單。你能不讓他吃飯嗎，這是違反人道的，男人如是說。這個解釋對於很多擁有愛情忠貞論的女人簡直不能容忍，但在現實生活中確是事實。

透視男人的心理需求

作為女人，你知道男人最怕女人什麼？不夠寬容。母親的嘮叨、情人的糾纏、妻子的管制、兒女的嬌縱、女友的誤解、女同事的挑剔……這些都讓男人無法忍受。所以，男人期待來自女人的寬容。有了這種寬容，男人固然會沾沾自喜，但也容易安身立命，找到自己應有的位置，並且可以享受所謂的成就感。

男人的心理祕密是真正的祕密，揭開傷疤會讓男人痛不欲生。男人都是有祕密的動物，在妳面前裝作乖巧的他，其實暗中將一切遮掩得嚴密。在情感多樣化的今天，女孩們很容易愛上一些莫名其妙的男人，因為不懂得取捨，所以常常受到傷害。因此，做個聰明女人，要會看懂他的心理需求。

總的來說，男人的心理需求不外乎以下幾個：

* **認可**：男人很想征服整個世界，所以，男人最需要的是被人認可、贊同。儘管他做的事情可能毫無意義，但是不要打擊男人。打擊會傷害男人的自尊心，會讓他覺得孤單無助。聰明的女人應該學會讚賞男人，男人征服不了整個世界，但他希望征服自己女人的世界。

* **體貼**：博覽古今中外，在女人心目中男人大都被認為是堅強的代名詞，是在暴風雨中可以避風的港灣。男人被視為流血不流淚，雙手擎起一片天空或是在夏日中可以躲避酷暑的大樹。但又有多少人知道，男人其實也很脆弱！ 男人很多時候需要的是溫暖的感覺，不只是肉體上的，更多的是心靈上的溫暖。勞累了，疲憊了，像一隻懶貓那樣，躲在一個角落裡曬曬暖暖的太陽。不要一味地認為男人很堅強，其實男人比女人更需要溫暖，需要關懷，需要甜言蜜語。

* **家的感覺**：無論一個男人多麼有成就、多麼成功，有一點是相同的：一日三餐，飯不離口，茶不離手。男人不是空氣，需要生活，不管他在想什麼，不管他在做什麼，有一點可以肯定，他需要吃飯，填飽了肚子才能生存。

* **有人曾經說過**：要抓住男人的心，首先要抓住男人的胃。先填飽他的胃，就算男人無情，他也許會想你的廚藝，想你做的飯。給一個男人正常的生活條件，男人會覺得獲得了安慰。

第九章　圍牆內外看男人

* **理解，寬容**：不要硬拉著男人陪自己逛街，男人不會對那些花花綠綠的飾品有興趣，陪女人逛街是一種煎熬，不是享受。聰明的女人自己去購物，換種服飾，換種髮型，換種形象，讓男人眼前一亮。人非聖賢孰能無過，男人也會犯錯。男人是容易衝動的動物，所以常常犯錯。對待男人的錯誤，女人更應該像一個母親那樣寬容、教育、疏導，讓其知錯能改善莫大焉。而不是把男人推向深淵，讓其越走越遠，不能自拔。男人是風箏，女人是線，不要讓風箏斷了線，找不到回家的路。對男人寬容，也是對自己寬容，對這個世界的寬容。

* **紅顏知己**：男人一生都在尋找紅顏知己，因為男人的心容易孤單，容易寂寞，不會輕易滿足，所以男人希望交流，希望有人知道自己的狀態，知道自己的苦衷，獲取同情，獲取溫暖，獲取甜言蜜語，獲取新鮮感，獲取被愛的滋味。哪怕是飛蛾撲火，也要追尋瞬間的壯美。

讀懂男人，其實很簡單，不要一味麻煩他，做一個像母親、像姐姐、像妹妹、像知己、像妻子、像情人一樣的女人，肯定能俘虜更多男人的心。也許這樣做會讓人感覺很複雜，但是感情本來就是一門學問。

男人有家不回的理由

　　男人可以說是比較愛玩的物種。從提籠遛鳥遊手好閒的八旗子弟到現在整天泡在網路上玩遊戲的男人，他們一向愛玩，這是他們骨子裡的基因。比如在街邊看到有人下棋，老男人可能會觀看上一小時。男人有家不回，並不是指他婚姻出軌，大多數情況下是為了應酬。很多時候，應酬和工作是掛鉤的。男人為了養家，為了保住飯碗，不得不經常出去應酬。但是，有的男人卻不是因為工作才去應酬的，而是為了男人的「自尊心」。

　　看看這樣一段順口溜：「下班就回家的男人是窮鬼，晚上 9 點回家的男人是酒鬼，12 點回家的男人是色鬼，凌晨 2 點回家的男人是賭鬼，整夜不回家的男人是活鬧鬼。」可見，男人下班不回家或者晚回家，已經不再是偶然現象。而在這些不回家的男人中間，已婚男人占了很大一部分。對於男人來說，外面的世界果真就那麼精彩？外面的生活果真就那麼自由嗎？他們難道就忍心讓自己的妻子日日守空房，夜夜盼郎歸嗎？

　　俗話說：財富不是永遠的朋友，但朋友卻是永遠的財富。多一個朋友就多一條路，如果一個男人一下班就回家，沒有朋友，也不去交朋友，那不是男人的失敗，而是女人的悲哀。男人的天性是主宰世界，男人是天生的外交家。男人需要朋友，需要應酬。因此，他錢包裡一定得有錢。今天他能把錢包裡的

錢花出去，就說明明天他一定能把更多的錢賺回來。會花錢就意味著一定會賺錢，不會花錢的男人就一定不會賺錢。男人不回家已成為現代社會一種相當普遍的現象。為了朋友，為了工作，為了應酬，為了逃避家務，為了逃避婚姻等，都成了那些已婚男人不回家的絕妙理由。甚至有的男人說，如果回家讓我感覺比上班還累，我為什麼要回家呢？

　　讓我們一起來看看下面一個男人的自述：

　　「我的工作需要有大量的時間和客戶溝通，為了能讓現有的客戶在認可我們的工作之後能帶來更多的客戶，我需要花費很多時間去跟客戶維繫關係、聯絡感情。說白了就是一起吃吃喝喝，不做生意先做朋友。那不是要花時間嗎？不是要順著人家的時間走嗎？這都很正常啊。可是，在我老婆看來，這些都是不正常的。她不能理解，為什麼一定要一起吃飯？為什麼一定要佔用晚上的家庭時間？難道你的客戶都沒有家、沒有老婆孩子嗎？這是我老婆最經常問我的問題。一開始，我還耐心回答她，跟她講男人在外面做生意有多麼辛苦和無可奈何。我曾經試著跟她溝通，把我身邊發生的事情告訴她。可是，我發現我錯了，還不如不說，說了之後，我的處境反而艱難了。那次是因為我告訴她我的一個客戶背著老婆在外面養了一個年輕小三，我們一起吃飯的時候，我聽見這個人對自己老婆撒謊。當時，我是把這件事當成一個社會現象跟我老婆講的，之後，我

還發了一遍感慨，說男人一有錢就容易禁不住誘惑。她也沒說什麼，我也沒覺得有什麼不對。說完了，就睡覺了。第二天照樣上班。我怎麼也沒想到，從那次開始，我的苦日子來了。

我老婆過去從來不在晚上給我打電話，也從來不追問我跟誰在一起、在做什麼，從那天開始，只要我在下班之後沒回家，她就打電話，詳細地問我在做什麼，為什麼要這樣，和什麼人在一起，大約幾點能回家。如果到了我說的那個時間我沒回去，她就會一遍一遍地打電話催我，完全不顧及我在朋友面前是否方便。我跟她說這樣不好，男人在生意場上是要有一些尊嚴的，老婆窮追不捨，讓我很尷尬。她馬上就會說：『你的客戶不知道你有家嗎？有家的男人為什麼要裝作沒有人管呢？有家的男人到了半夜還不回家，老婆擔心不正常嗎？』再後來，我們的關係更惡化了一步。每天只要我回家晚，她就會板起一張臉來。要不就是整個晚上一句話不說，要不就是誰也別想睡覺，連夜搞個「三堂會審」，我必須從頭至尾說出我為什麼要這樣做、在做什麼、和誰在一起，所有的人好像都是我的證明人、都有名有姓有準確的聯繫方式。我從來都不隱瞞，她想知道什麼我就告訴她什麼，我以為這樣就可以讓她安心。結果還是沒辦法，她不僅打電話給我，而且還打電話給我的朋友。我告訴她我跟誰在一起，誰的手機就會在晚上響起來，她非要知道我是不是和那個人在一起。這就太過分了吧？

我就是這個時候開始不願意回家的。有時候，就算沒什麼應酬，我也願意在公司待著。我格外害怕回家，我害怕看見她那種不高興、不信任的樣子。我原來因為晚回家而感覺對她抱歉，現在，我沒有這種感覺了。如果回家讓我感覺比上班還累，我為什麼要回家呢？」

　　聰明的女人，面對這種不回家的男人，你知道如何做麼？女人也應該為男人營造一種溫馨的家庭環境。男人事業上的壓力和對家庭承受的責任並非女人能夠完全理解的，女人應該給男人一個自由的空間、──個放鬆的環境。

　　聰明的女人會對不回家的男人掌控得遊刃有餘，對男人適度的關心才能更好地讓女人的溫情在家中釋放。男人不回家，絕不是長久之計，當女人給足了男人自由，也要給男人限度，相互理解是維持好婚姻的良藥，但是放縱彼此的自由就是對雙方的不負責任。

一眼看透花心男人

　　《心理操縱術》一書中說：「男性在本質上具有注視女人的特性，很像不停地從一朵花飛向另一朵花的蝴蝶，即使愛惜這朵花，也向周圍的花轉移視線，雖然任何女人對男人的這種特性都格外討厭。」因此，在妳與一個男人交友的時候，一定要想辦法試探清楚，他是不是一個花心的男人。

花心的男人，表面對女孩子傾心迷醉，忠心耿耿，實則腳踏幾條船。因此他也會常常紕漏百出。只要妳睜大眼睛，掌握一些事前察知對方行為的方法，就不難發現他的小伎倆。

* **記憶力差**：腳踏兩條船的男人，經常記不清楚曾經和哪一位過過生日，和誰看過電影，有些精明的情場老手會用手機備忘錄來代替記憶，或利用電腦說明記錄，更有甚者假裝工作很忙而忽略了，這種男人比不說自己很忙的男人，更不忠誠。

* **遲遲不肯帶你去他家**：家是最容易暴露細節的地方，心懷鬼胎的他害怕一不小心就讓你發現蛛絲馬跡，便找各種藉口不讓你去他家。除此之外，他也要在他的家人、朋友、同事面前隱瞞你們之間的親密關係，讓你永遠有一種名不正言不順的感覺。

* **看他收支狀況及消費的憑據**：男人花心也不容易，是要付出金錢代價的。因為腳踏兩條船的男人開銷大，付帳機會多，他不得不假裝自己開銷大，而希望妳也能分擔一些帳單。妳越願意付帳單，他約妳越多次；妳不肯付，他則少約妳出去。還有一個明顯的特徵是「隱瞞他的財富」，永遠不讓妳知道他有多少錢，因為他必須準備兩份開銷。

* **注意他身上殘留下的香味**：他可能會喜歡噴一些男性香水來掩蓋另種香水味；偶爾也有可能找到口紅或粉的痕跡，

那他就很可能是有了情人。這是一條很古老的鑒別方法，但卻很有效。

* **看他的生活習慣是否發生轉變**：本來是一個做事很有規律的人，突然間打破了常規，大多是有原因的。比如，聲稱自己最近工作很忙，過一段時間還要出差，所以不能來陪妳一起吃飯，一起遊玩了。其目的大多是為了利用更多的時間去與別的女孩約會。當然，也可能真的是工作需要，但可能性很小。

* **多了一些格調不同的禮物或衣服**：男女交往一定會互贈禮物，妳會發現他多了一些品味與妳很不相同的禮物或衣服，而妳送他的禮物不是不見了，就是被他收藏起來了。當他藏起妳送的禮物時，表示對方也正在檢查他。

* **看他的交際活動是否常常祕密進行**：由於有外遇者的活動絕大多數是祕密進行的，對他們來說，時間和機會是最重要的。為了躲避配偶和熟人的視野，他們總是煞費苦心地尋找一切單獨接觸的時機。為此，他們經常會撒謊說參加團體聚會等。

當然，試探花心男人的方法不僅僅如此，你還可以根據實際情況進行針對性的試探，效果會更加理想。而且一定要謹記，千萬不要做過了頭，把自己置於難堪的境地，那樣你就被動了。因此，你只需要默默地觀察他就 OK 了。

下面給你提供一些應對花心男人的建議，供參考。

經常給他來一些出乎意料的約會。比如，你可以主動在不同時間約他，或到家門口去等他，透過他的表情是驚喜、尷尬或驚慌來判斷他的真情指數。

有時間的情況下與他的同事聊聊天，或打個電話到他的部門，檢查一下他是否真的很忙，是否真的在準備出差的事宜。

半夜打個電話，因為那個時候人都很疲乏，睏意正濃。思維和聽覺都不是很強，可以借機讓他說出來妳是誰，而且更要懂得利用他不知不覺的方式套他的話。把想要知道的，所擔心的搞清楚、弄明白。

第九章　圍牆內外看男人

第十章
好男人回歸家庭，從臺前走到幕後

男人往往用三分的浪漫征服女人，用七分的理智控制她，使許多女人在結婚後放棄工作，在家中相夫教子。不過，現在很多觀念在悄悄發生變化。精明的妻子在公司是女強人，在家裡是一家之主；而相對平庸的丈夫，則開始在家裡操持家務，「相妻教子」。這種「男主內，女主外」的婚姻關係，使得一支「家庭煮夫」隊伍正悄悄興起。

家庭煮夫，戴上圍裙經營幸福生活

古人云：「君子遠庖廚。」在古人眼裡，廚房一直是女人的地盤，炒菜煮飯也是女人們的專利，肉菜禽蛋、油鹽醬醋、鍋碗瓢盆，這些都不是大男人應該親近的東西。因為男人要在高山森林、田裡做女人不能勝任的苦力，耕田犁地，伐木狩獵。所以，幾千年下來，男人只需往飯桌前一坐，老婆便恭恭敬敬地端菜送飯、舀湯送酒。

可是，隨著社會的進步，女人們也一個個走出廚房，和男人一樣在外打拚賺錢，擁有一份屬於自己的事業，並不比男人賺錢少，也承擔起了養家糊口的家庭責任，女人同樣能頂起半邊天。如此一來，女人下廚最根本的緣由已不存在。可是問題卻出現了，女人不下廚房，那麼每天的吃飯問題該如何解決，雖然餐廳飯館滿大街都是，可總不能在外「謀」食一輩子吧！不為別的，單為自己的胃著想，也應在家開開伙。

那麼同樣是在外勞累了一天的男女，到底誰下廚房？有一部分家庭，仍受傳統思想的影響，男女兩人下班回家，男人理所當然地坐在電視前面看棒球比賽或上網玩遊戲。女人則是一下班就急急忙忙地買菜做飯，還要喊著小孩讓他趕快做作業。吃完飯後，男人屁股一抬，又走向電視或電腦，女人則要收拾殘局，等到一切整理乾淨也到了上床睡覺的時間了。慢慢讓女人有不平衡感，於是家庭矛盾也就產生了。而更容易讓家庭矛

盾加劇的則是，女人加班加到七八點，一打開家門聽到的卻是坐在沙發上看電視的老公的責問聲。「怎麼這麼晚，趕快去做飯，我餓了！」於是，女人內心的那種不平衡感爆發了，夫妻兩人間也便有了爭吵。

也有一部分家庭，男女下班後，男人主動摘下領帶戴上圍裙，拿起鍋鏟為家人蒸煮飯菜，老婆在邊上打打下手。吃完飯後，一個洗碗，一個在旁邊擦拭，可謂是夫唱婦隨，愛意融融。

其實，男女之間的愛情，不是靠甜言蜜語來維持的，得有點實際行動。如果你愛她，就必須盡力給她豐富的物質生活。同時也不能太露骨，別以為賺了幾個錢，給了老婆家用，就可以把她當傭人來使喚，要知道沒人一定要有義務伺候你。都在外忙碌了一天，誰有時間誰做飯，晚到家的那位看到桌上擺好了香噴噴的飯菜，家庭幸福感就會油然而生。其實生活的快樂緣於細微的點滴，愛也在點滴中得到凝聚，男人下廚房是關愛女人，而男人下廚房一定會使女人更愛你。

有人說，幸福就像一道家常菜，要親手翻炒才會有滋有味。即使肉片會跳出來也要掂鍋把菜貢獻給灶臺的可愛男人，還是在一起做菜時為了先後順序、勾不勾芡、放不放辣椒、放多少油多少水而爭論不休的小氣男人，抑或是赤膊上陣揮汗如雨舉手投足間如君臨天下般掌控大局的帥氣男人，女人都覺得，**繫著圍裙的男人**，一定是可親可愛的。

是的，**繫著圍裙的男人**最有男人味，試想，男人在廚房裡

第十章　好男人回歸家庭，從臺前走到幕後

駕輕就熟地做著飯，女人在一旁打下手，一邊說著情話，一邊聊著辦公室裡的趣聞，這是多麼幸福的景象啊。試問能有幾個女人能夠抵擋得了懂得分享老婆辛苦的體貼男人的魅力呢？

現代女性普遍認為，會做飯的男人很好很強大。「上得了廳堂，下得了廚房」，已經不只是對女性的要求標準了，越來越多的女性把它列入了重要擇偶條件之中。所以，要拴住女人的心，就先拴住她的胃。

或許在以前，人們認為在家當煮夫的男人都是事業不如自己老婆或者唯唯諾諾的男人，但在今天看來，在家當煮夫並不是男人的事業不如老婆，也並不是男人唯唯諾諾，而是一種理性的回歸，更是一種對幸福的把握。

家和萬事興，男人應該知道廚房對他和家庭的重要性，廚房也是一個調劑家庭關係的很重要的場所。擁有一個美麗大方、會待人接物，又勤勞、燒得一手好菜的「上得廳堂，下得廚房」的妻子，也許是很多男人的夢想，但希望擁有一個體貼入微、事業家庭兩不誤的男人也是很多女人的理想。當一群女友們知道某位女友有一位做得一手好菜的老公時，無不投來豔羨的目光，直誇這個女人好有福氣。

其實，會做得一手好菜不單是女人的福氣，同樣也是男人的福氣。因為現在的社會，要找一個會做飯的人真的是比登天還要困難，所以學會了做飯，男人就擁有了一個絕對優勢。男人可以用美食鎖住女人那顆容易滿足的心，讓別的男人在她眼

裡都如青菜蘿蔔般稀鬆平常,也不用為老婆(不會料理的女人)那勞時費工而做出的料理虐待自己的胃。而且廚藝是一門高深的有著創造性的藝術,廚房就是男人另一個表演的舞臺,男人下廚房完全可以從中得到意想不到的享受。把幾樣不同的生鮮菜品混合在一起,經過男人妙手回春之術,用火和油鹽醬醋調和,做出色香味俱佳的美味佳餚,果真不同凡響。

總之,「男主外,女主內」的時代已經過去,所有的男人與女人都應共同行動起來,讓鍋碗瓢盆奏出最美的音符,讓小小廚房成為每一個家庭的和諧之地、融洽之地,讓萬家廚房裡的芳香隨著文明之風漂蕩進社會的每一個角落,讓每一個家庭都幸福美滿。

事業和家庭不是二選一的必選題

「我不希望妳太忙於工作,那樣我會心疼的,其實女人也不需要有什麼成就。只要專心在家做個好太太就好。」於是,很多女人在男人這樣的甜言蜜語中辭去了工作,做起了全職太太。可是等到有一天,女人發現,曾經那個自信的自己不見了,家庭瑣事讓她變成了「易燃物」,最為嚴重的是,丈夫出軌的理由竟是與妻子沒有共同的語言。直到這一刻,女人才發現,原來諾言會輸給時間,今日的結局早在她選擇辭職在家的那一刻便埋下。於是女人開始宣導:女人一定要有自己的事業。

就在女人擁有自己的事業，並取得輝煌的時候，男人們開始恐慌。你可以聽到許多男人說，他們不想與有錢、會賺錢（甚至職位或薪水比自己高），或是能力強的女人在一起，終究來說，還是男人們沒自信，害怕無法「駕馭」、「控制」自己的女人。

或許，男人當初對女人的諾言是真的，也許那是男人愛女人的一種方式，但是讓女人放棄自己的理想去成為「男人背後的女人」，女人終究還是無法從內心裡獲得快樂。

縱然傳統觀念裡中國婦女偉大、堅忍、包容、忍辱負重，為丈夫、為孩子、為事業、為他人，勇於犧牲自己的一切。但犧牲真的是美德嗎？是的，女人留守家庭，所做的一切有時候是因為責任，也是因為愛，所以在付出的時候感到幸福，付出也是女性自我角色的一種完成。但是過分提倡犧牲和責任會剝奪女性內心的幸福感和主動力，使人們只看到責任和剝奪，忽略了內在的動力和快樂。這就好比是被剝奪了生命的祭品，為了一個崇高的理由被放在祭壇上一樣。

其實，家庭與事業之間並不矛盾，只要使工作和生活達到一種平衡，而事實也證明女性都具有平衡工作和生活的智慧。

家庭、事業和良好的社會關係，三者對人生來說都非常重要。而家庭和事業並不能說是矛盾體，兩者是相互促進的。婚姻和家庭是每個人都要經歷的事，建立一個和睦、溫馨、幸福的家庭，確實是人生之大事，家庭又是社會這個重要的樞紐，與社會有著緊密的聯繫，承擔著許多社會功能。但在生活中，

一個成功的女人不但要照顧好家庭，同時要兼顧工作，這兩方面要互相協調。因為工作是家庭幸福的基礎，而家庭是女性成功的堅強後盾。

「小男人」的美好人生

人們總是認為男人就應該頂天立地如山，大氣磅礡如浪，力挽狂瀾如風，如果一下子小了起來是何等的窩囊，何等的無用，何等的悲哀。但生活就是生活，生活裡「小男人」多的是，就像山林的螞蟻一樣無處不在。

雖然有一些人在心裡總有點看不起小男人，可我們不得不說，「小男人」的人生要比「男子漢」的生活美好的多。因為一個男人無論是否擁有美好的人生，其關鍵並不在於男人是否奔走戰場，學富五車，而在於這個男人是否懂得享受生活，能否用心去呵護自己的家庭。

當一個男人挽起袖子，忙碌於廚房時，當一個男人細心地為心愛的女人畫眉時，更易俘獲女人的心。可總是有一些所謂的男人們，總在自己與女人之間豎起一堵厚厚的牆，在他們看來，向女人訴說甜言蜜語是小男人才會做的事情，與女人嬉笑怒罵有失男子漢的風度。卻不知女人的最美，是因為有愛情的滋潤、因為有男人的呵護、因為有家庭的溫暖。男人因為有了女人，生活才更過的美好，人生也變得完整。男人因為對女人

無微不至的呵護才更顯男子漢氣概。

　　所以，放下你所謂男子漢的架子，做一個小男人吧！當戀愛開始時，與心愛的女人黏在一起傾訴衷腸，你可以做的比吃飯喝水睡覺還要積極，你們可以談各自的工作、生活和學習，談對方的好，談將來的打算，說不盡的甜言蜜語，道不完的相親相愛。海枯石爛、永不分離也無法表達你們之間的愛戀。你可以在愛河裡盡情享受，很放心地將頭靠在女人的懷抱裡，閉上眼睛，並且相信這所有的一切將會持續下去直到永遠。

　　一般情況下，小男人的美好生活以下幾種方式都是比較常見的。

＊「小男人」和女人一起做飯。每當女人做飯的時候，「小男人」總喜歡幫忙，做一道他拿手的好菜，幫妻子買菜挑菜洗菜，閒暇時就輕輕地摟著妻子的腰，向妻子撒撒嬌，和妻子說句曖昧的話。

＊「小男人」喜歡陪妻子散步，每天晚上吃了飯之後，他們一起到附近的公園，散散心聊聊天。

＊「小男人」喜歡與妻子成雙成對、如膠似漆、時時刻刻形影不離。

＊「小男人」從來不忽視或否認妻子的情感需求，也不把性生活簡單化，而是尊重妻子的人格與情感。「小男人」喜歡與妻子有適當的性生活，讓妻子也享受到性愛的無限樂趣。

＊「小男人」不僅會照顧自己，還會照顧妻子；不僅會理家，
　還會過日子；不僅會計畫，還會適當地消費。

這些本是生活中極其平常的小事，誰也無心去在意那些，
但只要細心地去品味，你便會發覺其中的幸福。但是，就是透
過這些小事，「小男人」讓妻子得到了幸福，也讓自己得到了
快樂，家庭變得和諧了，人生也就變得美好了。

生活中本就時時刻刻充滿了幸福，這幸福來自於生活的細
枝末節，只要用心去品味，幸福同樣有色香味，同樣可觀可聞
可吃可品。其實，生活是由一件件的瑣碎之事連綴而成的，在
這條線上的點點滴滴都融會著幸福的紐扣。

品味生活要多想些美好之處。因為生活畢竟不是只有鮮
花，也不會整日充滿陽光。我們要想成功地走出鬱悶和哀愁，
就要多想想生活中美好的一面，從中品味幸福。就如「小男人」
所做的一切，比如下班了，妻子做好了可口的飯菜，這就是一
種幸福，不要因為她時常埋怨而自悔自惱，也不要因為她的心
胸褊狹而自怨自艾。再如，生病了，妻子領著孩子拿著禮物來
看望你，你應該感到他們對你的關心。

一滴水珠可以照見太陽的光輝。品味生活的幸福是從小處
著眼，不要因為事情小而忽略了別人對你的關愛。你早晨上班
之前，伴侶幫你準備好了些早點；下雨了，伴侶撐著傘守候在
你公司的門外；你晚上看書時，伴侶將一杯清茶送到你的手中，

所有這些都是生活的一部分，都值得我們深深懷戀，讓我們感動。

收獲與付出往往成正比。我們在品味家人給我們帶來的便利時也要想到去給予。其實，給予家人快樂也是一種幸福。給予幸福，你就會收獲幸福，因為你為自己創造了幸福。

要記住：「生活是被幸福包裹著的，只要我們用心去品味，我們就會時時感受到幸福時光。」

其實，「小男人」並不小，反而更偉大，雖然「小男人」長不成巍峨的山，流不成奔湧的河，但能站立成樹，搖曳成草，用生命的綠色點燃一道樸實而厚道的風景，讓人生變得更美好。

第十一章
幸福比成功更重要

幸福是人人都追求的，成功也是人人都渴望的。現實生活中，許多人把成功和幸福的關係理解得很簡單，即成功了才有幸福，不成功就沒有幸福，其實，這是一種片面的看法。成功固然重要，但它並不等於幸福。更有些人將全部幸福寄託在成功上，認為只有成功才有資格幸福，其實這種人是難以得到幸福的。要知道，幸福是生命的目的，成功是生命的驛站。

快樂：人生第一大奮鬥目標

從前，在迪河河畔住著一個磨坊主傑克，他是英格蘭最快活的人。傑克從早到晚總是忙忙碌碌，卻像雲雀一樣快活地唱歌。傑克的樂觀感染了周圍的人，他們也都樂觀起來了。這一帶的人都喜歡談論傑克的快樂生活。

有一天，國王也聽說了傑克，於是說：「我要去找這個奇怪的磨坊主談談。也許，他會告訴我怎樣才能快樂。」

他一邁進磨坊，就聽到磨坊主傑克在唱：「我不羨慕任何人，不羨慕，因為我要多快活就有多快活。」

「我的朋友，」國王說，「我羨慕你，只要我能像你那樣無憂無慮，我願意和你換個位置。」

傑克笑了，給國王鞠了一躬：「我絕對不和您調換位置，國王陛下。」

「那麼，告訴我，」國王說，「是什麼使你在這個滿是灰塵的磨坊裡如此高興、快活，而我，身為國王，卻每天都憂心忡忡，煩悶苦惱？」

傑克又笑了，說道：「我不知道您為什麼憂鬱，但我能簡單地告訴您，我為什麼高興。我自食其力，我愛我的妻子和孩子，我愛我的朋友們，他們也愛我。這條迪河使我的磨坊運轉，磨坊把穀物磨成面，養育我的妻子、孩子和我。我不欠任何人的錢，我為什麼不應該快活？」

「不要再說了。」國王說，「我羨慕你，你這頂落滿灰塵的帽子比我這頂金冠更值錢。你的磨坊給你帶來的，要比我的王國給我帶來的還多。如果有更多的人像你這樣，這個世界該是多麼美好啊！」

　　快樂是我們一生的奮鬥目標，我們所有的一切奮鬥，都是為了兩個字，那就是「快樂」，快樂不需要你成為名人，不需要你成為成功人士，也不需要你擁有萬貫家財，只要你會營造快樂生活，你就是最幸福的人。快樂不依賴地位，不依賴金錢，只依賴你自己。

成功不代表你幸福

　　幸福看不到，也聽不到，更觸摸不到，因為幸福只是一種心靈的感覺。

　　有一個富翁，什麼都有，卻總是悶悶不樂，總覺得少了點什麼。

　　一天，他經過市集，看見一個衣衫襤褸的乞丐，便很輕蔑地扔了一枚硬幣，並調侃說：「像你這樣一無所有地活著，還有什麼意思？」

　　「喔！大人，我雖然沒錢沒勢，可是我有一樣您沒有的寶貝。」

　　「哦！你有什麼寶貝？我可以出高價向你買，快說！快說！」

「只怕你買不起！」

「笑話！我不信天下有我買不起的東西。」

「這樣東西它不賣的，因為它不能賣，它是一種感覺，那就是幸福。」

在現實生活中，有一些人過著平凡的生活，他們沒有自己的私家車，搭著公車上下班；他們沒有房產，租著別人家的房子，但是，他們依然悠閒地吹著口哨，哼著小調，日子過得平平安安，生活得也踏踏實實。難道他們生活得不幸福嗎？在日常生活中，我們是不是每天庸庸碌碌，又忙家務，又忙孩子，又應付工作，又應酬於親朋好友之間的交際，又惦記著股市行情，又盤算著尋找第二份兼差，又算計著如何贏得老闆信任以謀個一官半職，等等。總之，我們行蹤不定，難得清靜，一副大忙人的形象。但是，我們實則忙亂不堪，製造雜訊，不自覺地擾亂著自己的平靜生活，活得很累。

下面的王菲菲就是其中的一位：

王菲菲，在眾人的眼中是一位成功的職業女性。她獨立，勤奮，開著賓士，在郊區還有一套豪華的別墅，經常有機會出入一些重要聚會。很多人都羨慕她，可是她卻有許多別人不知道的煩惱。她說：「我的成就往往讓人羨慕。我這一輩子都在辛苦地努力打拚事業，可是我永遠在壓力下工作，沒有時間結交真正的朋友，沒有時間和自己的家人待在一起，也沒有時間享

受生活。其實到頭來，我收獲的是事業的繁忙，壓力成雙，身體疲憊。假如時間可以退回去十年，我會早一些放慢腳步，去享受人生的簡單生活，那樣才是最幸福的。」

　　你是否體驗了剛剛從身邊溜走的生活？你是否真正明白現在自己的感受？你的時間為什麼總是很緊張，有沒有更簡單一些的生活方式？也許你早已經習慣了都市快節奏的生活，你不必離開它，更不必讓生活後退，你只需要換一個視角，換一種態度，改變那些需要改變的、繁雜的、無真實意義的生活，然後全身心投入自己的生活。無論你是在城市還是鄉村，無論你是貧窮還是富有，無論你是身在何處，你都可以享受到生活的酸甜苦辣，都可以感受到藍天、空氣、陽光和大自然的魅力，都可以追逐人與人之間的親情、友誼和關懷，做最真實的自我，以真實面對生活、面對心靈、面對世界和他人。

　　過一種簡單的生活，是一種全新的生活藝術和哲學。它首先是要外部生活環境的簡單化，因為當你不需要為外在的生活花費更多的時間和精力的時候，也就能為你的內在生活提供更大的空間與平靜。之後是內在生活的調整和簡單化，這時候的你就可以更加深層地認識生活的本質。幸福與金錢無關，與地位無關，與權力無關，只與你的「心」有關。幸福就是點點滴滴。

賺了錢不能代表生活美好

一個人如果純粹是為了滿足某種物欲而想要去賺錢，寧可放棄那個他想要的東西而過平凡生活。

賺錢是為了活著，但活著絕不是為了賺錢。假如人活著只把追逐金錢作為人生唯一的目標和動力源泉，那人將是一種可憐的動物。

一個歐洲觀光團來到非洲一個叫亞米亞尼的原始部落。部落裡青年穿著白袍盤著腿安靜地坐在一棵菩提樹下做草編。草編非常精緻，它吸引了一位法國商人。他想：要是將這些草編運到法國，巴黎的女人戴著這種小圓帽和挽著這種草編的花籃，將是多麼時尚多麼有風情啊！想到這裡，商人激動地問：「這些草編多少錢一件？」

「10 比索。」青年微笑著回答道。

天哪！這會讓我發大財的。商人欣喜若狂。

「假如我買 10 萬頂草帽和 10 萬個草籃，那你打算每一件優惠多少錢？」

「那樣的話，就得要 20 比索一件。」

「什麼？」商人簡直不敢相信自己的耳朵！他幾乎大喊著問，「為什麼？」

「為什麼？」青年也生氣了，「做 10 萬件一模一樣的草帽

和 10 萬個一模一樣的草籃,它會讓我乏味死的。」

　　商人還是不能理解,因為在追逐財富的過程中,許多人忘了生命裡金錢之外的東西。或許,那位荒誕的亞米亞尼青年才算真正領悟了人生的真諦。

　　人們想發財,想多賺一些錢,想使自己的生活品質更高些,這根本就不是壞事,這是人的自然的、正常的欲望。只要取之有道、取之合法,不僅應該鼓勵,社會還應該為人們創造更多的條件以幫助滿足。

　　快樂並非要有很多錢,這樣說並不是想勸告大家都滿足目前的生活水準,不要再去賺錢了,而是希望大家把錢不要看得太重,過於追逐。財富心是否太重並不是依據一個人的財富數量來推斷的。一個每個月只有幾萬元收入的人並不一定就意味著他的財富之心很淡薄。相反,一個擁有千萬家財的人也並不一定就像巴爾札克筆下的老葛朗臺那樣視錢如命、把錢看得比親情更重。

　　相信很多人都有這樣的體會:發財的欲望愈強,隨之產生的煩惱就會越多。發財欲望過強的人,其心理很容易被「貪」字佔據優勢地位。「貪」字是痛苦煩惱的根源之一,也可以說是禍害的根源之一。有些人為了圓自己的發財夢,去騙人、害人,去損害人民的利益,去觸犯國家的法律,最後走上自我毀滅的道路。

許多人在賺錢之初，並沒有想過：這一生賺錢的目的何在？是自己消費，抑或留給後代，或是施捨於慈善事業，造福於社會。你若去問他，大多數人的回答一般都是「不知道」。

在社會一致認同「賺錢很重要」的情況下，便開始了一生忙忙碌碌，早出晚歸，拚命賺錢的生活。殊不知，不管賺多少錢，是絕不可能帶到下一輩子的。

許多人一生忙於賺錢，到最後卻忘了或根本就不知道賺錢的初衷，將手段變為目的，拚命賺錢，不懂得如何利用金錢使自己更幸福、更快樂、更健康，也不懂得回報社會，最後變成了金錢的奴隸，變成了一個十足的守財奴。

我們不應忘記：錢是實現人生目標的手段，不要將手段變成目標，一味追逐金錢。懂得用錢，才能成為快樂的富翁。年輕時賺錢、省錢，中年時要好好管錢，年老有錢之後卻要懂得花錢，用金錢來充實自己的晚年生活。假如人活著只把追逐金錢作為人生唯一的目標和動力源泉，那人將是一種可憐的動物，等於在自我貶低人生存在的價值和意義。

拿得起，放得下

　　我們常說：「拿得起，放得下。」其實，所謂「拿得起」，指的是人在躊躇滿志時的心態；「放得下」，則是指人在遭受挫折或者遇到困難時應採取的態度。范仲淹說：「不以物喜，不以己悲。」有了這樣一種心境，就能對大悲大喜、厚名重利看得很小、很輕，自然也就容易「放得下」了。要想達到自己的目標，固然要「拿得起」，也要學會及時地放下。

　　人生最大的包袱不是拿不起而是放不下。因為年輕時拚搏很苦，所以有了些許收獲就不想放手。殊不知諸多榮譽在身上，只會讓自己越來越累。放下一些虛名，你才能活得輕鬆而幸福。

　　一個職務、一種頭銜，自然意味著一個人在社會上所取得的成就和地位，它的意義是不言而喻的。但是，凡事都有一個度。適可而止，於是心定，定而後能靜，靜而後能安，安排既定，自能應付自如，就不會既忙且亂了。

　　在生活中，很多時候，懂得放下才能收獲更多。人生的煩惱來自於非分的欲望。修養心靈卻不是一件容易的事。「放下」，這對常人而言是難以做到的。有了功名，就對功名放不下；有了金錢，就對金錢放不下；有了愛情，就對愛情放不下；有了事業，就對事業放不下。在肩上的重擔，在心上的壓力，可以說使我們生活得非常艱難。

第十一章 幸福比成功更重要

　　成功並不總是青睞那些死守一個真理的執著者，還格外偏愛那些懂得適時放棄的聰明人。要想達到自己的目標，我們固然要「拿得起」；但與此同時，當我們發現「此路不通」，也要學會及時地放下。片面地偏向任何一點，生命的天平都有可能發生難以控制的偏斜，到時再來補救就來不及了。

　　有一次李嘉誠在長江集團周年晚宴上說：「好的時候不要看得太好，壞的時候不要看得太壞。」這句話是李嘉誠人生修練最高境界的體現，也就是「拿得起，放得下」。

　　歌德說：「一個人不能永遠做一個英雄或勝者，但一個人能夠永遠做一個人。」這裡，做一個英雄或勝者，指的便是「拿得起」的狀態；而「做一個人」，便是「放得下」的狀態。

　　有個人兩手各拿著一隻花瓶前來拜見三祖寺的宏行法師。法師對他說：「放下！」於是那個人把左手拿的那只花瓶放下了。法師又說：「放下！」那個人於是把他右手拿的那只花瓶也放下了。法師還是對他說：「放下！」那個人說：「法師，能放下的我已經都放下了，我現在兩手空空，沒有什麼可以再放下的了，您到底讓我放下什麼呢？」

　　法師說：「我要你放下的，你一樣也沒有放下；我沒有叫你放下的，你全都放下了。花瓶是否放下並不重要，我要你放下的是心中的雜念。你的心已經被這些東西填滿了，只有放下這些，你才能從生活的桎梏中解放出來，才能懂得真正的生活。」

心理壓力要重於手上的花瓶，「放下」，不失為一條追求幸福的絕妙方法。其實，每天發生在我們生活中的很多悲劇，往往就是無法放下自己手中已經擁有的「東西」所釀成的。如果你能夠領悟「放下」的道理，你將會有一種如釋重負的感覺。因為只有懂得放下，才能掌握當下。

放下就是快樂。只要你心無掛礙，什麼都看得開、放得下，何愁沒有快樂的春鶯在啼鳴，何愁沒有快樂的泉溪在歌唱，何愁沒有快樂的白雲在飄蕩，何愁沒有快樂的鮮花在綻放？

別讓虛榮毀了幸福

你的身邊是否有這樣的朋友 —— 他說他的收入根本養不起一輛名車，但他還是買了一輛，因為他的鄰居和周圍的人都有名車。其實，並沒有哪個人建議他那樣做，只是他自己不想被別人小看。而這麼做的後果就是，為了還借款勞心勞力工作了好幾年。

不可否認，在一些大城市中，有許多人都在為著「面子」而拚命工作，因此過著極不如意的生活。如果你有正確的心態，就不會允許別人來打擾你平和的心境，破壞你快樂的感覺，否則就表明你的內心還很脆弱，甚至愛慕虛榮。

面子，真的那麼重要嗎？

一個月薪不到十萬元的年輕人花了七千元請心儀的女孩欣賞歌劇、吃夜宵。難道所有的女人都是勢利的嗎？當然不是，只不過幾乎所有的人都不希望被對方小看。生活中隨處可見收入一般的人在效仿富人，即使自己的心在疼。

有一位母親，她對自己倒是沒有什麼奢望，對自己的貧窮也不覺得沒面子，但是她對女兒生活在窮困中卻感到十分痛苦和羞愧。她很傷心，因為別的女孩子有的東西她女兒卻沒有，別的女孩子想到哪裡去旅遊都有父母陪著，甚至還有豪華轎車相送，而她的女兒只能騎自行車或步行。

她說，她漂亮迷人的女兒只能穿廉價的、普通的衣服，而那些根本沒有她女兒一半漂亮的女孩子倒可以那麼奢侈，戴那麼昂貴的首飾，一想到這些她簡直傷心極了。她說這個社會真是太殘酷了，讓她那麼漂亮的女兒成天為了生活忙裡忙外地工作著，她也應該像別的女孩兒一樣過著舒適的生活。

這位母親總是這樣在女兒面前嘮叨，最終毒害了女兒的心靈。她教會了女兒鄙視自己貧寒的家庭和低劣的生活環境，女兒也不喜歡自己擁有的任何東西。像她母親那樣，她總是拿自己有限的條件和別人奢華的生活做比較。這位母親給女兒灌輸了滿腦子的愚昧思想：要盡最大的努力嫁給有錢人，這樣才能給家裡帶來金銀財寶。

她告誡女兒，一個年輕人不論多麼誠實、勤奮，如果他沒有錢，不能讓女友享受榮華富貴，那麼就不要與他來往，一切都免談。在她竭盡全力幫女兒物色有錢的男友時，她可能問都沒問過那些有錢人到底具有什麼樣的個性和品性。

　　母親這樣教育的後果就是：這位小姐一點也沒有年輕人應有的快樂生活。她總是憤世嫉俗，對每件事情都看不順眼，對自己的處境怨聲載道，對自己擁有的東西也抱無所謂的態度，因為它們總是很廉價、很不體面，沒有一個地方合她心意。

　　攀比是一種變態的心理。在錯綜複雜、嫉妒橫生的環境裡，「幸福」自然是可望而不可即的。

　　因為私欲永遠沒有盡頭，所以這個人的人生永遠是虛偽而疲累的。由於錯誤的生活態度，有些人不得不忍受貧窮而拮据生活的折磨，而且還阻礙了自己的發展。他們讓自己的嫉妒、羨慕和愚蠢的欲望扼殺了所有的快樂，趕走了所有的幸福。

　　其實我們並不缺少舒適的生活，只是很多人不懂得珍惜。生活中的很多人總是看別人的臉色行事，殊不知這樣失去了許多本該屬於我們自己的快樂。沒有一個懷有嫉妒心的人能好好享受到生活的快樂。我們不懂得愉快地享受每天發生在自己身邊的趣事，而是去羨慕和嫉妒別人的快樂，因而失去了許多生活的樂趣。

　　為什麼不對自己擁有的平靜幸福的生活感到快樂，而要去

嚮往別人的奢華呢？為什麼總是去關注富有的鄰居而不享受自己的興趣愛好呢？讓我們享受在林間漫步的樂趣吧，讓攀比的邪惡思想見鬼去吧！

人生不需要太圓滿

作家劉墉先生曾講過這樣一個故事：

我有一個朋友，單身半輩子，快50歲了，突然結了婚，新娘跟他的年齡差不多，徐娘半老，風韻猶存。只是知道的朋友都竊竊私語：「那女人以前是個演員，嫁了兩任丈夫都離了婚，現在不紅了，由他撿了個剩貨。」

話不知道是不是傳到了他耳裡！有一天，他跟我出去，一邊開車，一邊笑道：「我這個人，年輕的時候就盼著開賓士車，沒錢買不起；現在呀，還是買不起，只買了輛二手車。」他開的確實是輛老車，我左右看著說：「二手？看來很好哇！馬力也足。」

「是啊，」他大笑了起來，「舊車有什麼不好？就好像我太太，前面嫁個四川人，又嫁個上海人，還在演藝圈十多年，大大小小的場面見多了。現在老了，收了心，沒了以前的嬌氣、浮華氣，卻做得一手四川菜、上海菜，又懂得布置家。講句實在話，她真正最完美的時候，反而都被我遇上了。」

「你說得真有理，」我說，「別人不說，我真看不出來，她竟然是當年的那位豔星。」

「是啊。」他拍著方向盤。

「其實想想自己，我又完美嗎？我還不是千瘡百孔，有過許多往事，許多荒唐，正因為我們都走過了這些，所以兩個人都成熟，都知道讓，都知道忍，這不完美？這正是一種完美啊！……」""

「不完美」正是一種完美！

我們老了，都鏽了，都千瘡百孔了，總隔一陣子就去看醫生，來修補我們殘破的身軀，我們又何必要求自己擁有的人、事、物都完美無瑕，沒有缺點呢？

每個生命都有欠缺，不要作無謂的比較。

在一個講究包裝的社會裡，我們常常禁不住羨慕別人光鮮華麗的外表，而對自己的欠缺耿耿於懷。

其實沒有一個人的生命是完美無缺的，每個人都少了一樣東西。

有人夫妻恩愛、月收入數十萬，卻有不孕症；

有人才貌雙全、勤奮多金，情路上卻是坎坷難行；

有人家財萬貫，卻是子孫不孝；

有人看似好命，卻是一輩子腦袋空空。

……

每個生命都有欠缺，不要作無謂的比較。「不完美」的人生才是一種最美。你不需要擁有全部的東西，要懂得生命本身都有欠缺的道理，我們不需要與人作無謂的比較，反而更能珍惜自己現在的擁有。

　　每個人的生命，都被上蒼劃上了一道缺口，人生不要太圓滿，有個缺口讓福氣流向別人是件很美的事，若你不需擁有全部的東西卻樣樣俱全，別人怎麼辦呢？

「拚命三郎」也要有健康體魄

　　現在「工作狂人」越來越多，而且超出了性別的局限。越來越多的人在忙碌中獲得也在忙碌中失去，但是卻很少有人衡量到底自己是獲得的多還是失去的多。努力工作可以獲得豐厚的物質收穫，但是與此同時也很容易失去健康的體魄。這到底值不值得？

　　熱愛工作不是錯，但是一個不懂得如何愛護自己的人又怎能做好工作呢？俗話說得好：「身體是革命的本錢。」工作不是為了討好老闆求回報，而是實現自己的社會價值。但是價值畢竟是有限的而健康卻是無價的。所以從這個角度說，適度工作才是上上之選。

　　不要每天都加班到深夜，白白浪費自己的精力。工作不僅

是為了滿足生存的需要，嘗試興趣、追求理想、在失敗中超越自我等，這些都是工作的快樂。但工作同時也是實現個人人生價值的需要，一個人總不能無所事事地終老一生，應該試著將自己的愛好與所從事的工作結合起來，無論做什麼，都要樂在其中，而且要真心熱愛自己所做的事。

成功者樂於工作，善於平衡工作與生活的關係，並能從中獲得快樂與收獲。一個會工作的人提起工作時絕不是說：「好累啊，每天都在加班。」如果你的成功是在痛苦之中誕生的，那麼收獲的東西往往得不償失。為了事業的成功和生活的幸福，你需要營造快樂的心境，收獲真正值得驕傲的事業。

健康的身體是一切的根本，它可以幫助你擁有所有你想要擁有的東西，可你一旦失去健康，你所辛苦努力得到的一切，便會在瞬間失去了意義。擁有健康不等於擁有一切，但失去健康就會失去一切。俗話說：預防勝於治療。對自己的健康負責，就是對工作負責，對自己和家人負責，既為自己減輕痛苦，也為社會、家人減輕負擔。當你走向成功時，要把什麼東西放在首位呢？要把健康放在首位。因為健康是工作的基礎：離開了健康，事業的擔當就不復存在。

石油大王洛克斐勒退休後，他確定的主要目標就是保持健康的身體，延年益壽，贏得大家的尊敬：健康對每個人的擔當事業與家庭幸福的責任都是至關重要的，當健康離你而去時，

一切也會離你而去。我們每個人都嚮往著成功，但我們應時刻記住，不管發生什麼事，我們都不應忽視自己的健康，沒了健康，我們便會失去一切。

曾經有位醫生在替一位企業家進行診療時，勸他多多休息。這位病人憤怒地抗議說：「我每天承擔巨大的工作量，沒有一個人可以分擔一丁點的業務！醫生，您知道嗎？我每天都得提一個沉重的手提包回家，裡面裝的是滿滿的文件呀！」

「為什麼晚上還要批那麼多文件呢？」醫生訝異地問道。

「那些都是必須處理的急件。」病人不耐煩地回答。

「難道沒有人可以幫你忙嗎？」助手呢？醫生問。

「不行呀！只有我才能正確地批示呀！而且我還必須儘快處理完，要不然公司怎麼辦呢？」

「這樣吧！現在我開一個處方給你，你能否照著做呢？」醫生有所決定地說道。

這病人聽完醫生的話，讀一讀處方的規定 —— 每天散步兩小時，每星期空出半天的時間到墓地一趟。

病人怪異地問道：「為什麼要在墓地待上半天呢？」

「因為……」醫生不慌不忙地回答，「我是希望你四處走一走，看一看那些與世長辭的人的墓碑，你仔細思考一下，他們生前也與你一樣，認為全世界的事都得扛在雙肩，如今他們全都永眠於黃土之中，也許將來有一天你也會加入他們的行列，

然而整個地球的活動還是永恆不斷地進行著，而其他世人則仍是如你一般繼續工作。我建議你站在墓碑前好好地想一想這些擺在眼前的事實。」

醫生這番苦口婆心的勸諫終於敲醒了病人的心靈，他依照醫生的指示，釋緩拚搏事業的步調，並且轉移一部分職責。他知道生命的真義不在急躁或焦慮，他的心已經得到平和，也可以說他比以前活得更好，事業也蒸蒸日上。

努力工作，不是要你去拚命，不希望讓你的成功之路通向墳墓。成功是我們的責任，為社會做貢獻是我們的責任，但健康更是我們一生的追求，不要為了擔當過重的事業責任而本末倒置，到頭來再次重演「壯志未酬身先死，常使英雄淚滿襟」的遺憾人生。

人們追求幸福，擔當責任都離不開健康身體的承載。你只要把握住了健康，你才能獲得真正的成功。

創業者在創業之初，在心理上就要做好處理各種糾紛和排解重重精神壓力的準備。應從體力入手，保持充沛的精力和健康的身體。無論事情多麼繁忙，創業者有三件事每天必須保證去做好。

第一是吃飯，不管事情多急，創業者都要用平和的心去享受每一次美餐，不能餓一頓飽一頓，甚至匆匆吃飯；第二是睡眠，創業者要保證充足的睡眠；第三是鍛煉身體，綜觀一些著

名企業家，他們的日常起居都非常有規律，他們大多將運動列為一生中最重要的事情，因為運動不但能使整個身心產生愉悅的感覺，而且能使大腦得到休息。

香港巨富霍英東先生，無論再忙、再急，他每天無論如何，都要打上一個小時太極拳，要游一個小時泳。許多企業家在進行重大談判之前，都愛打太極拳或者到草坪上散步，這會使他們腦子輕鬆，從而在談判桌上思路敏捷。創業者千萬不能因為年輕，仗著身體好，而忽視運動。否則的話，等到各種病痛出現了，再去補救就已經晚了。

健康專家提醒人們：健康就是「1」，其他都是「0」。有了健康，就好比銀行帳戶上有了一個「1」，其他都是往「1」後面添加的零。在擁有健康的前提下，其他的越多說明人生越豐富。然而如果沒有健康，其他的一切再多，人生也只是無數個零，毫無意義。

天下最大的失望，莫過於有志而不能酬。感覺到自己有著大量的精力，卻沒有充分的體力作為拚搏的後盾，這是多麼大的遺憾呀！感覺到自己有凌雲壯志，卻沒有充分的力量實現它，這是人世間多麼悲哀的一件事情啊！

「充沛的體力和精力是成就偉大事業的先決條件」，這是一條鐵的法則！

很多胸懷大志者，努力追求事業的成功，奮發圖強。在同等條件下，誰的身體好，誰的精力旺盛，付之於學習、工作的

時間就多，效率就高，事業成功的可能性就大，成績就大。尤其是工作量大、需要付出高強度體力的事業，更需要好身體。很多有志者沒完成自己要完成的事業就離開了人間，這確實是人生一大悲哀、一大遺憾！

成功男人必須遠離的十種女人

在兩性世界，女人是男人道不盡的話題，賞不完的風景。好女人是一所好學校，不同的學校培養不同的男人。好女人培養好男人，而好學校培養的男人具有穩健、健康、蓬勃、陽光、善良、灑脫和勃勃生機的特質，進了這樣的學校是男人的福氣、幸運和造化。壞女人是禍水，不僅禍在紅顏、禍在蠱惑、禍在挑逗，更在生活的點點滴滴。她的禍具有狐性、媚性、騷性、煽性，能躲開、繞開的是幸運的男人，躲不開卻栽進去的是倒楣的男人。

對於男人來講，女人很可愛，但不是所有的女人都可愛，起碼下面的十種女人是男人必須要遠離的：

第一種，貪婪的女人

男人必須要遠離這種女人，因為慾壑難填是無邊的深淵、無底的洞，她的慾望就像海洋裡的水，是很難枯竭的，只要生命不息，欲望就會不止，該她得到和不該她得到的，她都想得

到，為了得到她所想要的一切，終其一生她都在孜孜不倦、不厭其煩地拋棄著廉恥。女人的這種不顧廉恥的貪婪，可以輕而易舉地姦淫和擄掠男人的豪氣、勇氣和氣節，剝奪男人的尊嚴、放大男人的無奈、克扣男人的肺活量，如果一旦遇上這種女人，有可能會成為男人一生的噩夢。當然，人都會有貪念和欲望，雖說無欲則剛，但那是在畫餅充飢，有點虛，站不住腳。用辯證的觀點來看，無欲的人充其量也只能是一個平庸的人，是一個脫離了低級趣味卻又掉進虛偽圈子裡的人。凡事都得講究一個度，過之，則物極必反。

對於一個金錢至上的女人來說，她不會愛上一個窮光蛋的，因為她的愛情首先是建立在物質的滿足上。她知道花男人的錢比用自己的辛苦錢來的容易，有錢還是沒錢，是她和男人交往的條件，期望這樣的女人能與你相濡以沫，同甘共苦，無疑是癡人說夢。因為在她眼中，男人只不過是金錢的一個符號而已，男人無錢之日，就是女人拋棄之時，那麼這樣的女人在想拋棄你之前，不如先將她拋棄。

第二種，工於心計的女人

當男人面對一個嘴巴是豆腐做的、心卻是刀子做的女人時，相信多麼堅強、豁達的男人也是吃不消的。男人不應該去關愛一個心如白紙的女人，當然更不該對笑裡藏刀、內心奸詐的女人憐愛有加，沒有人規定女人怎麼做、不應該怎麼做，但

一個女人太工於心計，也許只有蚊子願意和她為伍，因為其同樣有叮人一口，咬人一下的癖好。

第三種，把男人當玩物的女人

她的愛情字典裡沒有「唯一」這兩個字，她懂得利用女人的天賦來讓男人心悅誠服，從不同的男人身上獲取不同的需要，同時卻巧妙地讓每個人都以為自己才是她的最愛。移情別戀不是她的錯，因為她生來太易動情。她的最大特點是不放棄任何一個戀愛的機會，所有追求她的男士在她看來都別有魅力。面對這樣的女人，你只能有心理準備，她愛上你是真的，她愛上別人也是真的。

第四種，說話粗魯愛叨嘮、隨意批判人的女人

有人說女人愛發牢騷是一種病，既會讓人討厭也會傳染。但不幸的是很多女人都患有此症，而且久治不癒，令男人大傷腦筋。對於常發牢騷的女人來說，事事永遠不合她們的心意，所以她們就愛發牢騷。但一個男人和一個女人在一起，不是聽她發牢騷的，他可以排解她心中的苦悶，但不能治癒她的頑疾。

第五種，過於虛榮和功利的女人

女人都有虛榮心，都有功利的一面，不功利、不虛榮的人是不存在的。物質化的時代，有功利的思想並不為過。適可而止的功利和虛榮可以激發我們的鬥志，豐富和潤滑我們的生

活。而過分虛榮的女人,她的傾向性則過多地展現在對物質的過分追求上。愛打扮、講排場、過分注重浮華、炫耀、虛飾,從而變成了「山下的老虎」,她在吃掉你的耐心、恆心、愛心和深情的同時,還能讓你痛徹心扉地領略到什麼叫捉襟見肘,沒權、沒錢就別招她。「對於男人來說,女人的虛榮並非一回事。一種女人把男人當做養料來餵養她的虛榮,另一種女人把她的虛榮當做養料來餵養男人。」可見虛榮在女人身上所占的份額是不小的。

在勢利女人的眼中,權力、高位是她們追求的第一目標。在她看來,就算你身有百萬,還不如一個小小的七品縣令。一旦她與七品縣令有染,可以肯定地說,又會透過七品縣令來接觸知府和宰相,在她們眼裡永遠都沒有滿足二字。

第六種,心腸狠毒的女人

俗話說:虎毒不食子。食子不是虎,一個連虎都不如的女人除了能給男人帶來不幸和災難,還能帶給男人什麼?不言而喻。這種女人的特徵是心如蛇蠍。面對這樣的女人,不另起爐灶,你還要等待何時?

第七種,口是心非的女人

所有的事情到了這樣的女人那裡都是有史可查的,因為她們總會有自己的理由和藉口,即使沒有,她們會編出一個來。

可以說，沒有一個女人都有如此高招，明明三分鐘前還有說有笑呢，可是一轉眼就變得哭喪著臉。問她吧，只有一句話：「不高興就是不高興，沒有為什麼。」情緒化嚴重是很難解決的事情，搞不好她會毫不留情地把你和她之間的祕密說出來，她可以今天就說：「我不愛你了，我們分手吧！」那就意味著你們之間所有的甜言蜜語都化為烏有。對這樣的女人，也許分手是最好的選擇。

第八種，頤指氣使、自以為是的女人

女人是老虎，不只是歌詞中這樣寫的，相信很多的男人深有體會，這樣的老虎雖然不吃人，但會折磨人，要是脾氣拗起來來，實在是吃不消。多數男人選擇沉默，尤其面對女人時，即使遇上了短兵相見的趨勢，男人也不會徹底爆發。而此時的女人便成了天性的領導者，成了支配男人的人。因此女人做起了老大，做起了老虎，殊不知男人是不鳴則已，一鳴驚人的，女人，還是悠著點好。

第九種，不懂忍讓、個性太強的女人

在個性超強的女人眼裡，男人就根本不是好東西，她開口閉口都批評男人的不是！別指望讓她百依百順，小鳥依人。你在她面前，做牛做馬背後還是要遷就忍讓，否則，她便使出一哭二鬧三上吊的殺手鐧，搞得你雞犬不寧。在她的眼裡，她自

己才是世界的中心，對於周圍的環境她大多數都有神經質的一面。要想不讓她撒潑，你必須有呼之即來、揮之即去的本事，否則還是逃之夭夭的好。

第十種，不懂原則的女人

曾有人說，男人可以忍受女人的不漂亮和愛零食，但絕不能忍受女人不講原則。不懂原則的女人可以在你去開會的路上叫你陪她去買項鍊，說是試試你是不是真心的；不懂原則的女人可能在你父母來你家串門時丟三落四、不冷不熱。所以說不懂原則的女人不可愛，不懂原則的女人就是不可愛的女人。

幸福女人必須遠離的十種男人

在愛情中，女人的危險往往是過高地估計了男人，錯誤的判斷有時會發錯信號，不小心就落入了男人設計好的陷阱，從此女人受盡無盡的痛苦和折磨，但想要逃離並不是那麼的容易。要分手吧，一系列的問題也就出現了，當感情歸零的時候，留下的只有怨恨和利益；財產、孩子問題於是就成了籌碼。為了自己的幸福，女人必須慎重選擇自己的男人。

做個幸福女人，就要遠離以下十種男人：

第一種，大男人主義的男人

具有大男人主義的男人都非常好強，以自我為中心，甚至有點頑固不化，處處頤指氣使，也習慣於為自己做事，而且總認為為我做事是應該的，絲毫沒有感謝之意，最可恨的是他們把自己的女人當成奴隸，說打就打、說罵就罵，這樣的男人，女人跟他在一起有何幸福而言？

第二種，沒有責任感的男人

跟這種人在一起，你看不到明天，沒有一個清晰的未來藍圖，只是在一天天浪費自己的寶貴青春，當然也可能是源於年齡的幼小，心智的不成熟，外界條件的不允許，但這一切都不能成為逃避責任的藉口。世界不是為了你一個人單獨存在的，有些事情，不能等待，要同時進行。在你享受的同時，你得擔起你該承擔的那部分責任。不想結婚的女人，不要孩子的男人，都是逃避責任的人，他們只知道享樂，這些都是該遠離的人。

第三種，猜忌多疑的男人

要是遇到點煩心事，今天猜忌這個是不是在搗蛋，明天多疑那個是不是在給自己使絆子，這樣的男人不但猜疑別人，還會對自己的女人多疑。他會在你不注意的時候偷偷查看你的手機訊息，在你下班晚回來的時候問這問那。要是女人有點事情

做錯了吧，他就小肚雞腸，不能原諒，總會把事情放在心上。你看那些殺人放火的事情都是這種人做的，和這樣危險的人在一起，女人還是早點離開才好，說不定哪天你一做錯事情，也會給你製造危險。

第四種，過分追求事業成功的男人

有事業有地位的男人最受女人青睞，但若過分看重名利，尤其是出身貧寒卻一心想出人頭地的男人，他們往往會犧牲感情，而選擇那些能在金錢、權勢、能力等方面助他們一臂之力的女性。這種男人的擇偶是有條件的，不是真正可患難與共的伴侶。

第五種，暴力型男人

現在，家庭暴力已經引起社會和媒體的廣泛關注。暴力型的男人，不僅存在於偏遠落後地區或文化水準不高的家庭，也存在於一些受過高等教育的知識分子家庭。具有暴力傾向的男人，在家裡對妻子大打出手，頻頻施暴。藉由暴力宣洩心頭的憂鬱和不滿，也透過暴力滿足自己大男人主義的尊嚴。暴力不但讓妻子傷痕累累，痛不欲生，也讓孩子戰戰兢兢，如履薄冰。暴力型的男人是個性被扭曲，人格已經變態的男人，他很難控制自己的行為，帶給妻子和孩子的都是深重的傷害和噩夢一般的人生。女人千萬不要對有暴力傾向的男人抱有幻想，應

該說，一旦發現他有暴力行為，就要果斷地離開，離開越早，受害越小。

第六種，自私自戀的男人

每個人都會有自私的時候，但當自私和利益同時拴在一起時，這就形成了很大的一個旋渦，身陷其中時，就不能自拔。女人的自私和男人不大一樣，女人的自私往往是因為一點小利益，而男人一旦自私起來，那就不得了，他會為了這種自私和利益不擇手段、絞盡腦汁、不計後果地去實現。多少男人為了這樣的自私和利益走上了犯罪的道路。他總會把利益放在第一位，這樣的男人也許有一天為了利益會把自己的女人都出賣了。

第七種，情緒化的男人

女人都是敏感的動物，一個細節就能洞悉一切。似乎情緒化是專屬於女人的，其實不然，男人其實比女人更情緒化。女人的情緒化直接由生理變化決定著，而男人的情緒化則更多的取決於個性本身。情緒化的愛情發生頻率很高，結束的頻率也很高。他們會因為一時的情緒愛上一個女孩，就像熱得快，他們的愛來得快去得更快。他們的愛情來的時候攻勢很猛，看起來大有天長地久地跟你過一生的架勢，但是當你去迎合他後，他會很快就抽離。抽離的原因或者是因為他的情緒不在愛情線上，或者因為他的情緒讓他愛上了另一個女孩。總之他開始變

得不愛理你了。假如你看見他焦慮不安，不再喜歡跟你交流，別以為他是一時的情緒化，其實那就是他的本性。請不要再跟對你不感興趣的男人糾纏了，尋找一個你不知所措、為你心急火燎的男人吧！

第八種，隨意承諾的男人

「我愛你」這三個字，相信女孩子都喜歡聽，但要先掂量一下這三個字的分量有多重，再接受也不遲。真愛是在心裡，不是在嘴上，如果男人今天說一個「我喜歡你」，明天說一個「我愛你」，後天就說「我會娶你」，每天嘴上都是承諾，那你就要注意了，他的承諾越多，背叛你的可能性就越大。難怪有人說：「男人的嘴騙人的鬼。」

第九種，五毒俱全的男人

吃喝嫖賭，偷掠搶奪，這樣的男人最可怕，把人生看淡了，對生活失望了，反正也成就不了大事，還不如快活一天是一天。寫到這裡，我想起了《水滸傳》裡的高俅的乾兒子「高衙內」這個人物，他每天帶著一幫打手、小混混在大街小巷欺行霸市、欺男霸女，最後把八十萬禁軍教頭好漢林沖害得家破人亡，逼上梁山，自己也落得「命根子」沒有保住。女人要是和這樣的男人在一起，那就等於跳進了火坑。

第十種，情愛氾濫好色的男人

　　這一條是最重要也是最值得女人關注的。這種男人沒情沒義，把女人哄騙到手玩完就完，不講什麼真情真愛，今天找這個女人，明天玩那個女人。這種男人有點變態心理、仇恨心理、虐待女人的心理，女人的痛苦就是他的樂趣，女人的悲傷也就是他的快感。女人啊！千萬要遠離這樣的男人，要不你將受盡一生的痛苦！

　　這樣的男人當初給你無限的驚喜和甜蜜的浪漫，但他是天生的情種，只要是朵花，不管是鮮花還是野花，只要是隻蝶，不管是美麗帶毒的還是老得都飛不動的，他都要去採，他都要去捉，這是天性。不管他當初如何許諾，也不管他現在如何每天在你耳邊念叨著那句千年不變的動人之語，這都不能改變他的天性。因此，在你能抽身時，盡可能果斷地躲閃，就算你再怎麼自信有魅力，對這樣的男人也注定會失敗。

電子書購買

國家圖書館出版品預行編目資料

感情平衡木，家庭事業兩兼顧：細節決定成敗，
付出所有不如找對人，伴侶共同成長的進化論 /
丁智茵，馬銀春著 . -- 第一版 . -- 臺北市：崧燁
文化事業有限公司 , 2022.10
　　面；　公分
POD 版
ISBN 978-626-332-784-9(平裝)
1.CST: 兩性關係 2.CST: 生活指導
544.7　　　111015155

感情平衡木，家庭事業兩兼顧：細節決定成敗，付出所有不如找對人，伴侶共同成長的進化論

臉書

作　　　者：丁智茵，馬銀春
發 行 人：黃振庭
出 版 者：崧燁文化事業有限公司
發 行 者：崧燁文化事業有限公司
E - m a i l：sonbookservice@gmail.com
粉 絲 頁：https://www.facebook.com/sonbookss/
網　　　址：https://sonbook.net/
地　　　址：台北市中正區重慶南路一段六十一號八樓 815 室
Rm. 815, 8F., No.61, Sec. 1, Chongqing S. Rd., Zhongzheng Dist., Taipei City 100,
Taiwan
電　　　話：(02) 2370-3310　　　傳　　　真：(02) 2388-1990
印　　　刷：京峯彩色印刷有限公司（京峰數位）
律師顧問：廣華律師事務所 張珮琦律師

定　　　價：375 元
發行日期：2022 年 10 月第一版
◎本書以 POD 印製